动态
DYNAMIC
商业
BUSINESS
战略
STRATEGY

美国波士顿咨询公司（BCG）
亨德森智库 著
BCG Henderson Institute

[美] 马丁·里维斯
[法] 弗朗索瓦·坎德隆 编
孙金云 译
Martin Reeves
François Candelon

中信出版集团｜北京

图书在版编目（CIP）数据

动态商业战略 / 美国波士顿咨询公司（BCG）亨德森智库著；（美）马丁·里维斯，（法）弗朗索瓦·坎德隆编；孙金云译 . -- 北京：中信出版社，2024.4
书名原文：Dynamic Business Strategy: Competing in a Fast-changing, Uncertain Context
ISBN 978-7-5217-6390-4

Ⅰ.①动… Ⅱ.①美…②马…③弗…④孙… Ⅲ.①企业战略 Ⅳ.① F272.1

中国国家版本馆 CIP 数据核字 (2024) 第 045017 号

Reeves, Martin & François Candelon: Dynamic Business Strategy. Competing in a Fastchanging, Uncertain Context© Walter de Gruyter GmbH Berlin Boston. All rights reserved.
This work may not be translated or copied in whole or part without the written permission of the publisher (Walter De Gruyter GmbH, Genthiner Straße 13, 10785 Berlin, Germany)
Simplified Chinese translation copyright ©2024 by CITIC Press Corporation
ALL RIGHTS RESERVED
本书仅限中国大陆地区发行销售

动态商业战略
著者：美国波士顿咨询公司（BCG）亨德森智库
编者：［美］马丁·里维斯 ［法］弗朗索瓦·坎德隆
译者：孙金云
出版发行：中信出版集团股份有限公司
（北京市朝阳区东三环北路 27 号嘉铭中心 邮编 100020）
承印者：北京通州皇家印刷厂

开本：880mm×1230mm 1/32　印张：7.75　字数：121 千字
版次：2024 年 4 月第 1 版　印次：2024 年 4 月第 1 次印刷
京权图字：01-2024-0893　书号：ISBN 978-7-5217-6390-4
定价：69.00 元

版权所有·侵权必究
如有印刷、装订问题，本公司负责调换。
服务热线：400-600-8099
投稿邮箱：author@citicpub.com

鼓舞人心的下一场比赛：
为前瞻性领导者提供战略构想。

——波士顿咨询公司亨德森智库

目录 CONTENTS

译者序 V

序言 X

PART ONE 第一部分　回顾经典战略法则

第一章　重温"三四法则" 3
马丁·里维斯|迈克尔·戴姆勒|乔治·斯托克|
菲利波·斯科尼亚米利奥

第二章　重温经验曲线理论 13
马丁·里维斯|乔治·斯托克|菲利波·斯科尼亚米利奥

第三章　重温时基竞争战略 25
里奇·莱塞|马丁·里维斯|凯林·古莱

第四章　重温BCG矩阵 35
马丁·里维斯|桑迪·穆斯|特伊斯·维尼马

PART TWO 第二部分　掌握新的战略能力

第五章　适应性优势　53
马丁·里维斯|迈克尔·戴姆勒|伊夫·莫里厄|罗恩·尼科尔

第六章　寻求捉摸不定的适应性　63
马丁·里维斯|彼得·汉密尔顿|凯文·惠特克

第七章　塑造战略　71
马丁·里维斯|特伊斯·维尼马|克莱尔·洛夫

第八章　你的战略流程需要一个战略　83
马丁·里维斯|朱利安·勒格朗|杰克·富勒

第九章　你的能力需要战略：因时而化，做对选择　103
马丁·里维斯|弗里达·波利|特帕万·甘德霍克|刘易斯·贝克|昂·洛唐|朱利安·勒格朗

PART THREE 第三部分

拓展战略边界

第十章　竞争的新逻辑　127
木村良治|马丁·里维斯|凯文·惠特克

第十一章　来自渐变的挑战　145
马丁·里维斯|木村良治|杉田弘明|索米特·南达|詹姆斯·裕治·格罗夫纳

第十二章　制定多时间尺度战略　167
波士顿咨询公司亨德森智库

第十三章　分形战略：在多时间尺度上有效应对新冠疫情　197
马丁·里维斯|凯文·惠特克|索米特·南达

致谢　213
注释　215

译者序

TRANSLATOR'S WORDS

这是一个技术进步不断带来颠覆性创新、摧毁旧秩序的时代!

这是一个充满了高度不确定性,经济、政治、外交、军事交织在一起,逆全球化盛行,让人无所适从的时代!

这是一个百年未有之大变局的时代!

事实上,这个时代强调的是传统时代的秩序已被改变,而基于传统秩序下的战略思维方式将难以为继。

战略思想可以引领企业发展前进的方向,而现代战略理论体系发展到今天,历时近百年,在诸多学者的努力下,已经形成了一个非常完备的理论大厦,逐渐演化成了所谓的十大战略流派,并建立了"核心竞争力—竞争优势—企业绩效"的经典范式。在这一范式的引领下,通过对外部的行业机会分析、内部的核心竞争力分析,进而找到适配的战略定位,推演出企业的战略发展路径,成为战略规划和战略咨询的主流思潮,而这一思路离不开对外部环境的分析预测,并以规划、计划为主要特色。

然而,时代的发展对那些展开战略分析和规划的前置条件提出了挑战。瞬息万变的时代、日新月异的技术,使得企业对外部环境的准确预测变得遥不可及,从而建立一个稳定的战略规划并付诸实施难免沦为纸上谈兵。完全摒弃经典的战略理论是鲁莽的,然而,一成不变、故步自封,却又难以满足许多企业当下的发展要求。

有趣的是,战略管理理论的发展,时至今日,有两股主要的力量做出了贡献。一个是学院派象牙塔里的战略学者,他们通过深厚的理论功底、严谨的研究方法,通过定性或定量的方式对战略现象展开理论研究。他们在自己专注的领域里能够做得深入专业、科学严谨并声名卓著。可是,在追求理论完美的路途当中,他们却难免囿于研究主题的专而精,在设立诸多约束条件和控制变量后,与实践的复杂性需求渐行渐远。另外一个重要的力量是战略管理咨询公司，以波士顿咨询公司（BCG）为代表。它们在丰富的战略咨询实践当中，基于对企业的观察，通过并不复杂的研究方法，甚至基于最简单的二分法或启发式方法，建立起对企业战略发展的洞见，并最终对战略理论做出贡献。例如BCG矩阵就是其中典型的代表。当然，我们并不是说理论家都在闭门造车。优秀的理论研究可以源自实践并能引领企业的发展，睿智的田野观察能够反馈理论且补充理论的不足，例如本书作者提到的双元性方法（理论界称之为双元理论，它已经形成了丰富的研究成果）在理论界已经被研究了20多年。

本书作者来自波士顿咨询公司，他们具备丰富的实战经验和理论洞察能力。8年前，作者之一马丁·里维斯出版过《战略的本质》一书。在那本著作中，基于对环境动态的观察，他们提出了五种可供选择的战略方法：经典、适应、愿景、塑造和重建。在本书中，作者进一步对以上理论框架展开推演和拓展。

全书分为三个部分，第一部分对一些经典的战略法则进行了回顾，并强调了这些法则遇到的情境挑战；第二部分重点阐述新情境下组织和战略决策者需要具备的新能力；第三部分展开探讨了战略决策面临的更具挑战性的变化，需要拓宽边界和视野。

正如本书作者所言，面对外部的新情境，战略决策需要引入一些新的决策方法来部分取代或者在部分情境下取代原有规划式的战略。所以本书提出的战略思考框架不是对经典规划战略的否定，而是对新情境下战略思维的升维，能够让决策者通过对经营环境的识别或辨识，选择恰当的战略思维方法。因此，这是战略元思维的一种体现。

虽然作者在本书中引用的案例基本来自西方（仅提到阿里巴巴和海尔两家中国企业），甚至有些已经为中国的读者耳熟能详，然而本书在这些企业发展的基础上建立的洞察却并不过时。古语云："变则通，通则久。"外部环境变化了，企业的战略方法也要发生改变，其中就暗含了"适配"的战略元思维。

我在商学院和MBA（工商管理硕士）、EMBA（高级管理人员工商管理硕士）学生一起探讨分享企业战略也略有时日。在这些年里，我主要教授两门课程，一门是"战略管理"，一门是"创业企业战略"。在前一门课中，我更多和大家探讨的是经典战略，通过规划的方法对未来进行预测，从而形成企业的愿景、使命、发展目标和战略路径。我对这门课总结了一句话——"外观大势，内省自身，谋定而后动"。然而在"创业企业战略"的讲授过程中，我却强调因应外部环境的各种不确定性、模糊性和不可预见性，对于那些创业企业或小企业，往往需要实践另一句话——"行胜于言，快速迭代，创新驭万变"。事实上，这两种思维并无高下之分，决策者首先要辨识清楚企业所在的环境属于哪一种情形，以及这是一家怎样的企业，找到二者适配的位置，再来决定应该采取哪一种战略思维，这恰恰是本书以飨读者之精髓！

（孙金云，复旦大学管理学院企业管理系副教授，致力于研究战略管理、企业战略及企业管理等。）

序言　　　　　　　　　　　　　INTRODUCTION

近几十年来，商业环境发生了翻天覆地的变化。技术进步的加速，导致任何特定的产品或商业模式更快地被商品化甚或淘汰。因此，竞争趋于更加动态化。简而言之，领先者正在更快地丧失优势，企业的寿命也正在缩短。

商业环境变幻莫测，经济和政治的不确定性也急剧攀升，而且，这种不确定性很可能会维持在较高水平。其部分原因是社会的不平等和两极分化，与此同时，竞争的不确定性也在加剧。企业过往的竞争发生在有着明确边界的行业中且有着相对稳定的对手，而现在，技术使得行业边界日渐模糊，增加了竞争中断的潜在路径。

基于此，有人开始质疑，是否战略已不再重要？[1] 事实上，战略并未消亡，各行业领域赢家和输家之间的业绩差距，随着时间的推移正在不断扩大。然而，战略制定的确需要针对当今的商业环境进行重新设计。

传统意义上，战略侧重于竞争优势的静态因素，这些因素包括规模经济、学习经济、公司业务组合的定位以及产品的差异化。当然这些优势因素并未消失，但在瞬息万变的环境中，它们的作用已被削弱。与之互补的是新竞争维度的出现，例如适应无法预测的环境、塑造可塑的环境以及在恶劣条件下（包括经济衰退或行业混乱期）的生存法则。

战略所考虑的范围必须相应扩大和演化。以往领导者在制定战略时考虑的时间尺度很窄——往往都是固定的周期，如一年期的财务计划和五年期的战略规划。这些考虑通常只关注业务及其直接竞争对手和客户，而更广泛的外部环境被他们视作一成不变。如今，战略需要考虑更广泛的时间尺度——从人工智能算法（以毫秒为单位运行）的快速发展，到气候变化等宏大命题的缓慢发展（这些问题都需要持续几十年或更长时间），这些问题的相关性和影响力正变得越来越大。此外，战略规划的范围还需要考虑更广泛的社会、政治和环境背景，这些因素如果不加以妥善处理，将会对企业产生重大影响。

本书借鉴了波士顿咨询公司亨德森智库及其研究人员、专家多年来的研究成果，讨论战略在动态变化、不可预测的环境中的新作用。第一部分是"回顾经典战略法则"，它重新审视了一些经典战略框架以及它们是否仍然适用。结果表明，虽然它们仍然有用，但需要更新迭代以适应现代企业的需求。第一章重温了"三四法则"，发现经典的市场动态法则在许多行业仍然成立，但在一些动态和不稳定的行业中就不适用了。第二章重温了经验曲线理论，认为企业需要积累额外的经验才能保持竞争优势。第三章重温了时基竞争战略，揭示当今企业不仅需要更快行动，还需要更快、更高效地学习。第四章重温了布鲁斯·亨德森著名的投资组合战略框架——BCG矩阵（市场增长率－相对市场份额矩阵，又被称为增长矩阵），以及如今应用该矩阵所需要的改进方法。

第二部分为"掌握新的战略能力"，它讨论了当今企业需要的新战略能力，比如适应不确定性环境，以及塑造新环境或被破坏的环境。第五章介绍了"适应性优势"，即一个组织在动荡的环境中演化发展以超越同行的能力。第六章列举了可能阻碍创建适应性企业的迷思。第七章讨论了塑造战略，以及这些战略如何帮助公司在新兴市场或变动的市场中获得优势。第八章阐明了不同环境下最适合的相应战略流程，第九章指出在这些环境中蓬勃发展所需具备的战略技能。

第三部分为"拓展战略边界"，它探讨了拓展战略的外部边界问题。第十章概述了竞争的新逻辑，即创造动态优势所需要的新能力，如学习力、想象力和复原力。第十一章描述了人口结构变化等缓慢发展的力量所带来的新挑战，这些力量与企业的关系越来越密切。第十二章从商业、可持续性和科学等诸多视角出发，广泛探讨了多时间尺度战略。最后在第十三章阐述了在整个新冠病毒流行期间应用多时间尺度战略进行管理的挑战。

我们希望这本书能够帮助企业管理的专业人士以及对战略感兴趣的学者和学生了解企业面临的竞争新挑战，并制定相应的策略。

**UPDATING
THE CLASSICAL STRATEGY
PLAYBOOK**

第一部分

PART ONE

回顾
经典战略法则

马丁·里维斯
Martin Reeves

迈克尔·戴姆勒
Michael Deimler

乔治·斯托克
George Stalk

菲利波·斯科尼亚米利奥
Filippo Scognamiglio

[第一章]

重温"三四法则"

1976年，布鲁斯·亨德森就行业结构和领先企业的演化提出了一个有趣的假设，该假设被称为"三四法则"。他认为，一个稳定的竞争性市场绝不会有三个以上的有效竞争者，并且，当这三家企业的市场份额达到约4∶2∶1的比例时，行业结构将趋于均衡。

虽然亨德森本人也提及，他的观点还有待严谨地分析论证，但在当时，这一结论几乎印证了从汽车到软饮料等诸多行业的结构。他认为，即使这一假设只是近似正确，也将对企业产生重大影响。

时至今日，"三四法则"是否仍然有效？如果答案是肯定的，那么该法则起到多大作用？是否值得今天的领导者继续关注？我们给出了具有说服力的答案。

检验"三四法则"

波士顿咨询公司战略研究所（波士顿咨询公司亨德森智库的前身）与查普曼大学、克莱蒙特·麦肯纳学院和罗格斯大学的学者合作，研究了自 1975 年以来一万多家公司的行业数据，[①]证实了亨德森提出的假设确实有效：它准确描述了当时的市场份额结构，以及诸多行业的发展趋势。我们相信，数十年来，在一个稳定的竞争性市场中，"三四法则"仍然是预测行业结构演化的有效方法。但要注意的是，近年来许多行业已经开始偏离这种稳定状态。

为了便于分析，我们将企业划分为两类：市场份额超过 10% 的头部企业和市场份额小于等于 10% 的企业。我们发现，行业中不超过三个头部企业的现象（"三四法则"中"三"的部分）非常普遍。从 1976 年到 2009 年，拥有三个以下头部企业的行业占比从 72% 上升到 85%，平均为 78%。在这 34 年中，"三巨头"（三个头部企业并存）的行业结构是最为常见的，占据了 13 年时间，而在剩下的 20 年中，该结构排名也稳居第二。

[①] 我们的研究与康·乌斯莱、叶卡捷琳娜·卡米欧希纳、艾恰·阿尔滕齐格教授合作进行，使用了标准产业分类（SIC）指标。数据来自 S&P Compustat 数据库（这是有关美国股票市场情况的最大、最全面的数据库）。我们总共研究了来自近 450 个行业的一万多家公司，这些公司在 2009 年的收入超过 18 万亿美元。

事实证明，拥有"三巨头"的行业也是行业参与者最有利可图的，其平均资产收益率比拥有四、五或六个头部企业的行业高出整整 2.5 个百分点。此外，拥有三个或两个头部企业的行业结构似乎具有最高的稳定性，并且每年都有更多的企业向此类行业结构靠拢（见图 1-1）。

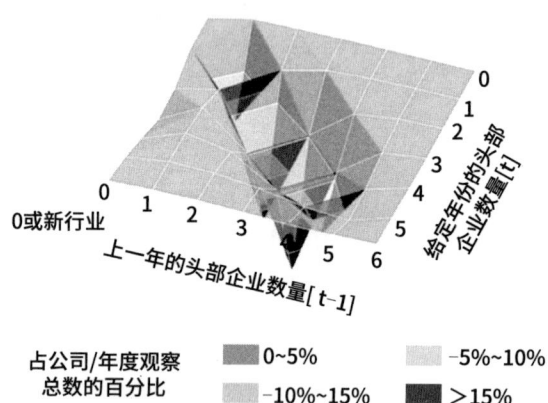

图 1-1　具有三个和两个头部企业的行业结构似乎具有最高的稳定性，也具备最强大的吸引力
资料来源：Compustat 数据库；BCG 分析
注：1. 共 121859 家公司，年度观察总数大于 10000 家公司，1975—2009 年约有 450 个行业。行业基于标准产业分类代码进行汇总。
2. 在任何给定年份内，收入市场份额等于或超过行业总收入 10% 的公司或公司分部。

我们的研究还证实了"三四法则"的"四"的部分——4∶2∶1的市场份额比例往往是这些行业处于均衡状态的特征。研究发现，拥有"三巨头"的行业中，近60%的顶级企业的相对市场份额为1.5~2.5倍，非常接近亨德森预测的2.0倍。而且，如今4∶2∶1的比例关系在拥有"三巨头"的行业中最为普遍。

目前"三四法则"的实例比比皆是，美国租车行业就是其中之一（见图1-2）。2006年，安飞士（Avis）、企业号租车集团（Enterprise Holdings）、赫兹（Hertz）和先锋租车（Vanguard Car Rental）这四家竞争对手的市场份额均超过10%。然而，2007年3月，企业号租车集团收购先锋租车后，几乎占据了近一半的市场份额，这暗含了"三四法则"中描绘的竞争态势。

事实上，市场格局一直紧跟着亨德森的预言在运行。2011年，三家租车市场领导者——企业号租车集团、赫兹和安飞士分别拥有48%、22%和14%的市场份额，已与亨德森预测的4∶2∶1不谋而合。赫兹在2012年收购美国汽车租赁商Dollar Thrifty，后者当时的市场份额为3%，这使得市场格局与"三四法则"更加吻合。

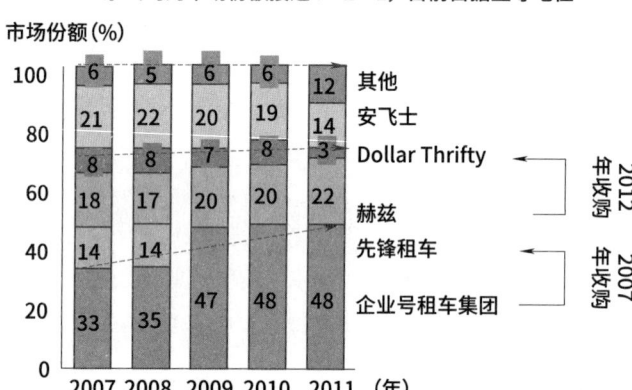

图 1-2　美国租车行业的演化诠释了"三四法则"
资料来源：Euromonitor International

总而言之，"三四法则"在今天看来仍然具有很强的生命力。但正如亨德森所提醒的那样，它的适用范围仍然局限于稳定、竞争激烈的行业，这些行业的特点是动荡小，外部监管与干预都相对有限。如今适用该法则的行业还包括机械制造业，如约翰迪尔（John Deere）、美国爱科（Agco）和凯斯纽荷兰（CNH）；家用电器业，如惠而浦

(Whirlpool)、伊莱克斯（Electrolux）和美国通用电气公司（GE）；以及信用评级机构，如益博睿（Experian）、环联公司（Transunion）和 Equifax。

但是对于越来越多的更具动态性、更不稳定的行业，"三四法则"似乎并不适用，如消费电子、投资银行、人寿保险和 IT（信息技术）软件与服务行业。同样，它也不适用于那些监管强、阻碍竞争或整合的行业，如美国的电信行业［美国政府曾采取 AT&T（美国国际电话电报公司）和 T-Mobile（德国电信的子公司）合并的反垄断行动］。

"三四法则"对于不同行业的适用性差异非常明显。对于波动性小的行业中的企业，由"三巨头"领导的资产收益率比由更多头部企业领导的高 6.1 个百分点。然而，在波动性大的行业的企业中，我们并未发现这样的趋势——"三巨头"的结构并没有比其他结构更具优势。一个可能的解释是，亨德森认为支持该法则的经验曲线效应在一些行业中不那么适用，因为在这些行业中，技术创新或其他因素会在实现低成本的优势之前就改变了优势的基础。

随着时间的推移，许多行业的动荡加剧也削弱了该法则的影响。例如，与"三巨头"结构相关的较高资产收益率已经下降：从 20 世纪 70 年代的平均约 3 个百分点降到今天的约 1 个百分点。在"三巨头"主导的行业中，4∶2∶1 的市场份额比例也是如此，虽然这一比例仍然是这些行业中最常见的，但已不如高峰时期那么普遍了。

对决策者的影响

对企业决策者而言，"三四法则"具有重要意义。首先，对于了解行业环境至关重要，比如该行业是否适用经典的战略规则，如"三四法则"，还是需要另外一种视角，例如适应型战略[1]。其次，决策者必须确定自己的公司在行业中是否具有长期生存的能力。在适用"三四法则"的情况下，这主要取决于市场份额，行业第一是最理想的地位，第二和第三也可以持续，剩下的任何其他地位都可能难以为继。

一旦了解了企业定位，决策者就必须据此制定战略。

如果企业是行业前三名中的一员，就应该积极捍卫自己的市场份额；如果企业不在前三名之列，则应该尝试通过并购或改变竞争基础来改善自己的位置，或者索性退出该行业。（正如亨德森所写，"尽快套现，如注销企业、承担税收损失、直接变现、重新投资，并在这个市场中成为一个成功的领导者"。）如果企业所处的环境不适用该法则，应采用适应型战略或塑造型战略，我们将在后面的章节介绍这些战略。[2]

"三四法则"对其他利益相关者也有影响。例如，投资者应将行业的动态和可能的发展轨迹纳入其投资策略进行考量，政策制定者在权衡反垄断问题时也应考虑该法则对企业产生的影响。

综上所述，"三四法则"在被提出30多年后仍然适用，在一个许多方面都发生了深刻变化的商业环境中，这一洞见仍在为经典商业战略环境中奋斗的决策者提供指导。而对于处在动荡摇摆环境中的企业，适用一套新的规则，它们应采取一套更具适应性的全新战略方法。

马丁·里维斯 乔治·斯托克 菲利波·斯科尼亚米利奥
Martin Reeves George Stalk Filippo Scognamiglio

[第二章]

重温经验曲线理论

经验曲线是波士顿咨询公司提出的标志性概念之一，这一概念广为人知。该理论起源于1966年波士顿咨询公司为一家大型半导体生产商所做的成本分析项目，它认为公司的单位生产成本会随着"经验"加倍或产量累计而下降至一个可预测的范围，通常为20%~30%。布鲁斯·亨德森认为，这种关系对企业而言至关重要。[1]他指出，该理论表明市场份额领先的地位可以带来决定性的竞争优势，原因在于占据市场主导地位的公司能够更快地积累宝贵经验，从而获得相对于竞争对手的自我持续成本优势。

经验曲线理论在20世纪70年代的大部分商业环境中，在描述和预测竞争态势方面被证明具有巨大价值。这一理论为决策制定者提供了投资和定价的可靠指导，成为战略家的得力工具。这一理论仍适用于当今的市场环境吗？答案是肯定的，但在某些行业，仅仅据此打造竞争优势已经远远不够了。与20世纪六七十年代商业环境相对稳定、新产品相对较少的情形相反，如今的商业环境越发动荡，行业结构更不稳定，企业必须频繁推出新产品以应对日新月异的技术和人们喜新厌旧的品味。

经验曲线理论所涉及的那些经验仍然是不可或缺的，尤其对某些行业来说依然是至关重要的。但我们认为，当今大多数公司如果希望创造并保持竞争优势，还需要另一种经验。

两种类型的经验

经典经验曲线所指的经验类型是以更低的成本生产现有产品，并将其交付给更广泛的受众的能力，可被视为"满足需求类经验"。在许多行业，尤其是相对稳定、对成本敏感、竞争激烈和生产密集型的行业，这类经验仍然非常重要。

例如，从1980年到2002年，硬盘驱动器的累计产量每增加一倍，成本就会下降约50%，从而使每千兆字节硬盘的平均成本从1984年的8万美元下降到2001年的6美元。激光二极管也出现了类似的成本急剧下降，累计产量每增加一倍，成本就会下降40%~45%。20世纪80年代初，光纤放大器的售价约为3万美元，而1999年0.8微米的CD（紧凑型光盘）激光器（无包装）的价格已降至1.3美元。然而，若想在当下环境中取胜，许多公司还需要在塑造需求，或为新产品和服务创造需求方面积累经验。

图2-1直观地展示了这两种类型的经验。"满足需求类经验"表现为经典经验曲线，它显示了成本降低与累计产量之间的函数关系（在对数—对数坐标系中是一条直线）。"塑造需求类经验"则表现为在连续的经验曲线上反复"跳跃"，代表一家公司屡次成功地从一代产品升级至

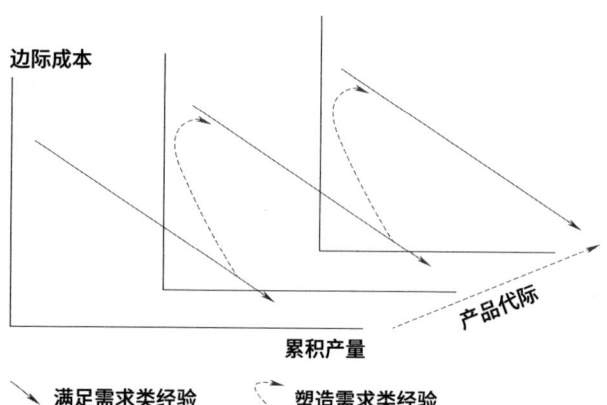

图2-1 "满足需求类经验"与"塑造需求类经验"之间的关系
资料来源：BCG分析

下一代产品的能力。这两种经验类型的关系就像流行的"蛇梯棋"(*Chutes and Laders*)游戏的无尽版本。为了保持竞争优势,企业必须既"像蛇一样滑下来"(满足需求),又要"爬上梯子"(塑造需求)。而企业在"满足需求类经验"和"塑造需求类经验"之间如何权衡,则取决于公司的具体情况。

"满足需求类经验"和"塑造需求类经验"的本质不同,积累的方式和带来的益处也不尽相同。企业通过逻辑的演绎过程获得"满足需求类经验":获取成本数据,分析数据,确定改进时机,实施变革,反复迭代。该过程的主要特点是重复和渐进式改进,既可以是显性的,也可以是隐性的。相比之下,"塑造需求类经验"则通过逻辑的归纳过程来获得:对消费者行为进行抽样调查,对未满足的消费需求提出假设,想象新技术带来的可能性,用新产品测试假设,根据实证结果来决定关闭测试还是继续扩大测试,以及基于最新的实证结果提出新的假设,依此循环往复。

值得注意的是,上述任何一种经验类型本身都无法帮助企业获得长期竞争优势,两者总是缺一不可。最近有个趋势是，这两者循环往复的速度大幅提高了。我们将这种同时开发并利用现有产品知识和新产品知识的能力，或随着时间的推移在两者之间有效切换的能力，称为"双元性能力"[2]或"双元能力"。

塑造需求类经验的实践

"塑造需求类经验"可以通过企业产品推出的速度，或从新产品和服务获得的销售额百分比来衡量。当这类经验与"满足需求类经验"有效结合在一起时，就能形成强有力的竞争武器，这可被视为一种二阶经验，即分享源自不同领域的经验并学习如何掌握它，这包括在相关信息已经过时且不再适用于最新产品时，及时摒弃旧知识的能力。这种类型的经验是具有颠覆性的，不仅因为它涉及创新，还因为即使在早期产品上处于劣势，企业也能通过塑造需求，在下一条经验曲线上抢占先机，从而迅速扭转局面。

以现代眼光审视最初催生经验曲线的行业，我们便可以证明"塑造需求类经验"的力量,以及了解经验曲线的过去和现在是如何交织在一起的。

ARM 公司(ARM Holdings,安谋国际科技股份有限公司)是一家领先的半导体企业,在低功耗微处理器设计方面具有特殊优势。这家公司本身并非制造商,他们设计底层技术,而将生产制造环节几乎都交给合作伙伴。ARM 公司通过创新设计专注于塑造需求,利用它的合作伙伴在满足需求方面的专长,避免了自己开发"满足需求类经验",从而创造了备受瞩目的成功秘诀。截至 2012 年,基于 ARM 技术的设备占据了快速增长的智能手机市场的 95%。在 2005—2011 年的七年间,ARM 公司的年化股东总回报率(TSR)高达 28%,这是个令人惊叹的数字!ARM 的合作伙伴也因此受益匪浅,其强大的产品出货量和股东总回报率就是证明,比如高通公司同期的年化股东总回报率为 5%,即使如此也高于同期 –6% 的行业中位数[1]。

---

[1] 该行业中位数基于对 174 家北美公司股东总回报率的可比时期的分析得出,这些公司的标准产业分类代码为 3674(半导体及相关设备)。

与竞争对手聚友网（MySpace）相比，脸书通过不断改进用户体验且加快改进速度，成功塑造了用户对其服务的需求（见图 2-2）。为了获得"塑造需求类经验"，脸书每周都会发布新软件，还尝试使用新技术和新功能，如即时聊天、相册和第三方应用程序开发者界面等。这些努力让脸书更透彻地了解用户的需求和期望，以加速产品更新换代作为回应，从而使它的用户群体不断扩大，最终转变为成本优势。

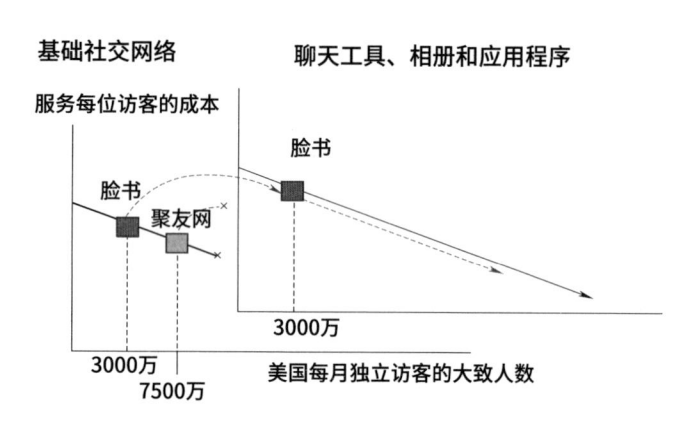

图 2-2 对比竞争对手聚友网，脸书抢先塑造了用户对其服务的需求
资料来源：ComScore Media Metrix
注：统计时间截至 2007 年 8 月。

网飞公司是另一个例子，其通过提升服务的便利性，先后两次重塑了市场需求。起初，他们承诺通过邮寄 DVD（数字通用光盘）的方式提供方便、廉价的服务（既无滞纳金，也没有取送的麻烦），成功塑造了家庭录像带的用户需求。而后，网飞又在推出流媒体后再次获得成功（增加了获取视频的可靠性和即时性）。虽然这项服务明显蚕食了自家的 DVD 邮寄租赁业务，但他们意识到，无论哪家公司率先推出流媒体技术，DVD 邮寄租赁业务都将不堪一击。先行一步塑造需求的做法，迫使其主要竞争对手不得不对网飞制定的用户原始期望做出回应，这给网飞公司带来了巨大的优势。

这些公司致力于塑造需求和满足需求，不断精进，使它们得以蓬勃发展并超越业内老牌的竞争对手。这是传统经验曲线无法解释的现象。

在产品内部和代际间保持竞争优势

要想在当今环境中巩固长期竞争优势，企业就必须提出一系列问题，以了解自身在塑造和满足需求方面是否做到了精益求精。

——在我们的行业中，"满足需求类经验"和"塑造需求类经验"需要达到怎样的平衡？

在某些行业，"满足需求类经验"仍至关重要，[3]而在其他行业，通常是新兴行业，则更多受益于"塑造需求类经验"。企业需要确定自身的行业需求，并且可以参照 ARM 公司的案例，在一些情况下企业可以从外部获取经验。

——我们是否拥有适当的方法和能力来开发和利用"满足需求类经验"？

扩大规模，坚守住既有产品的市场份额，通过重复学习和渐进式改进（包括显性改进和隐性改进）进一步降低成本。

——我们是否拥有适当的方法和能力来开发和利用"塑造需求类经验"？

将新产品和服务的开发与现有产品的生产和管理

分离开来，赋予员工个人进行试验的权力，成功时进行奖励，以激励员工进一步冒险，只在因失职而导致失败时才施行惩罚等，这些都是行之有效的方法。企业可以通过加速产品的生命周期、规划产品的退市以及上市，更好地理解和塑造需求，以创造竞争优势。

——**我们是否为两种经验类型制定了恰当的衡量标准？**

例如，确保具备能够对照自己构建和利用这两种经验方面的能力，将结果与你的直接或间接竞争对手进行比较，审视与此相关的成本状况和塑造需求的速度，并将其纳入检验公司成功与否的综合衡量标准。

——**我们是否拥有正确的方法来平衡和融合这两种经验类型？**

塑造需求和满足需求在本质上并不相同，企业要采用不同的方式，有时甚至是相互冲突的方法，才能获得和使用这两种经验。我们在前文曾提及《波士顿咨询公司展望》(BCG Perspectives)中关于双元性的讨论，提出了寻求最佳平衡的四种不同的方法，即分割、转换、自组织和外部生态系统。至于哪种是企业可采用的最佳适配方法,将取决于每家企业所在的特定行业环境的活力和多样性。

随着消费者趋势变化和产品更新迭代得越来越快,仅靠"满足需求类经验"已不足以维持企业的竞争优势地位,另一种经验类型,即"塑造需求类经验"也变得越来越重要。第二种经验必须通过新的差异化手段来获取,甚至可能与企业当前获取经验的方式相互矛盾。但是如果做不到这一点,企业就会付出巨大代价,轻则失去行业领导地位,重则彻底倒闭破产。

在当代管理实践中,能同时娴熟地构建和运用这两类经验的能力(即双元创新能力),已成为卓越管理能力的标志性特征。这是一种稀缺但极具价值的特质,如果企业选对方法,将有望获得双元创新能力而成为行业翘楚。

里奇·莱塞 马丁·里维斯 凯林·古莱
Rich Lesser Martin Reeves Kaelin Goulet

[第三章]

重温时基竞争战略

1990年出版的《与时间赛跑：速度经济开启新商业时代》[①]是波士顿咨询公司的小乔治·斯托克、托马斯·霍特合作的一部影响深远的著作。在这本书问世近25年后，苹果公司首席执行官蒂姆·库克宣称，他仍在给同事们赠送此书。那么，究竟是什么让这位全球最具创新力公司之一的领导者如此青睐，认为这本书现在仍然值得一读呢？

一直以来，企业总是力求以尽可能低的成本生产出高质量的产品。但斯托克和霍特却向商界揭示了一个新的观点：速度的附加因素最终会成为竞争优势的关键。斯托克发现，一些在行业中规模并不领先的日本公司，通过缩短产品的开发周期和工厂加工时间取得了竞争优势，这本质上是通过对时间的管理来管理成本、质量和库存，大多数企业皆如此。这种"柔性制造"的方式也降低了企业相关品类的成本。因此，虽然这些公司的规模不大、产量有限，但它们仍然能够以更低的成本生产出比竞争者更丰富且质量更高的产品（见图3-1）。

[①] 本书中文版于2017年在机械工业出版社出版发行。——编者注

汽车悬挂部件	美国竞争者	日本竞争者
年产量（百万件）	10	3.5
员工人数		
· 直接	107	50
· 间接	135	7
总数（人）	242	57
每位员工的年产量（件）	41300	61400
成品部件类型	11	38
可比部件的单位成本（指数）	100美元	49美元

图 3-1 采用时基竞争战略的公司可以以更低的成本生产出比竞争对手更丰富、更高质量的产品

资料来源：George Stalk, Jr., "Time: The Next Source of Competitive Advantage," *Harvard Business Review*, July-August 1988.

与此同时，缩短周期时间不仅有助于企业在生产过程中减少浪费，还能带来一系列竞争优势。通过更迅速地做出响应，企业提高了生产效率，赢得了客户的青睐，从而获得了更高的市场份额。采用"基于时间的竞争"（时基竞争，TBC）战略的企业既简化了业务流程，还减少了不必要的返工，提高了流程透明度，从而实现了降低成本和提升质量的双赢。

事实证明，时基竞争战略对商业思维的影响是巨大

的,各行各业的公司纷纷采用这一原则及其流行的延伸思想,如流程再造,用以简化和加速其业务运营。太阳微系统公司(2010年被甲骨文收购)通过将设计和引入工程工作站所需的时间减半,取得了市场主导地位。本田在推出113款新车型的同时,其竞争对手雅马哈只推出了37款,因此本田赢得了更多的市场。杰克·韦尔奇曾宣布美国通用电气的核心原则将是"速度、简单和自信"。

时至今日,变革的步伐似乎比以往任何时候都更快:技术发展日新月异,经济力量正在向新兴市场转移,诸多商业模式日趋陈旧。因此,数量庞大的老牌传统企业开始质疑自身的商业模式。

企业正在尝试采取新旧各异的各种手段,来满足压缩时间的现实需求。例如,利用3D打印技术缩短生产原型的时间;部署自动化工厂以减少转换时间;实现更大程度的定制化以更贴近客户需求;借助大数据和分析技术更敏捷地识别机会并采取行动。

所有这些尝试的共同点是,它们意识到速度越来越重要。如今,"敏捷"这样的词汇越来越频繁地出现在首席执行官的口中。美国点评网站 Yelp 的首席执行官杰里米·斯托普尔曼曾谈道："你必须非常灵活，思想非常开放。你的成功将在很大程度上取决于你如何适应变化。"这一观点不仅仅局限于高科技领域，正如美国体育用品连锁企业 Modell's Sporting Goods 首席执行官米切尔·莫德尔所言，"这不是大鱼吃小鱼，而是快鱼吃慢鱼的时代"。

所以，我们会去往未来吗？蒂姆·库克的做法对吗？是时候借鉴波士顿咨询公司的经典著作，来重新设计我们的核心流程了吗？这三个问题的答案都是肯定的，但需要注意几个重要的限定条件。

毫无疑问，当前变革的速度比以往任何时候都更为迅猛。许多企业本质上已经演变为信息企业，还有更多的企业严重依赖日益复杂的信号和信息。

因此，现代企业需要以"数据速度"来采取行动。这是一个艰巨的定量挑战，需要新技术和新工艺来弥合"数据速度"与人员、组织和有形资产之间的差距。同时这也是一个定性的挑战，需要许多公司重新思考它们的商业模式。

UPS（美国联合包裹运送服务公司）作为一家快递公司，也许看起来不像一家数字化公司，但为了实现其"以商业速度前行"的口号，就需要进行精密而动态的整合、分析以及积极的数据管理。UPS 的一线员工需要使用数据来实现绩效目标。例如，卡车司机使用路线优化算法来决定是节省一英里的行驶路程还是提前 15 分钟送达包裹。为了避免让员工困惑，公司细化了信息的显示方式；通过智能手机等熟悉的平台，员工会更加适应工作中的分析工具。UPS 还将持续改进作为公司的优先事项，以实现更快的速度，比如，它将在下一版物流软件中加入实时、自适应分析的功能。

时基竞争战略不仅仅是为了更快地完成一系列可预期的商业活动，同时也要求公司能够更快、更有效地学习如何处理新事物。仅有敏捷性是不够的，企业还需要有适应能力。在当今这个加速变革的时代，新产品、新技术和新商业模式可能在公司充分优化现有产品之前就已经出现了。图 3-2 通过展示通信技术的演进，揭示了变革的速度之快。

按电话拥有类型划分的美国家庭（1900—2011年）

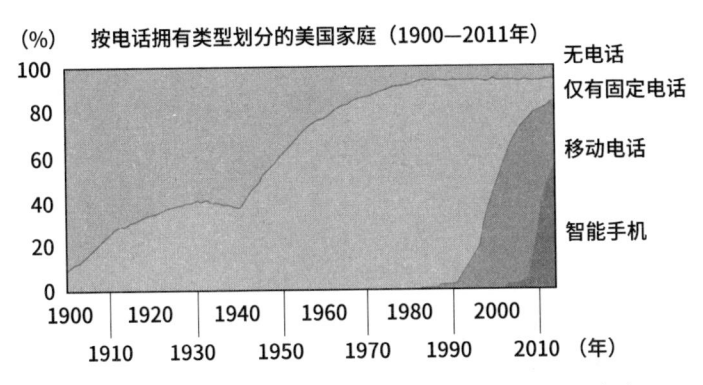

图3-2　1900—2011年按电话拥有类型划分的美国家庭
资料来源：Forrester Research; Knowledge Networks; *The New York Times*; Pew Research Center; the U.S. Census.
注："无电话"数据通过减法得出。

阿里巴巴作为中国占据主导地位的零售商，正是"TBC 2.0"的典型案例，体现了数据、速度、学习、创新和增长的良性循环。每天，阿里巴巴的三个服务器中心要处理超过1PB（拍字节）的数据，相当于美国全国人口DNA（脱氧核糖核酸）信息所需存储空间的三倍。凭借强大的数据处理能力，阿里巴巴正在推动中国零售业的转型，通过更加多样化、新颖、差异化的商业模式，更加迅速地向海量人群提供更多的商品选择。

速度和数据的增长带来了学习和商业模式的创新。通过支付宝，阿里巴巴的用户可以实现在线购物和投资储蓄，企业也可以获取贷款。企业和政府可以在阿里巴巴的云计算服务中存储数据。其他零售商，如海尔和耐克，也可以通过天猫商城（阿里巴巴旗下的企业与消费者平台）开设在线商店。阿里巴巴正借助速度、信息和创新构建一个真正覆盖全国的单一市场，充分挖掘中国消费市场的巨大潜力。

如今，企业不仅需要速度，还需要适应能力，这促使管理者转变观念，认识到在"TBC 2.0"世界中生存和成功的必要条件。对越来越多的企业而言，这些必要条件包括以下几点：

- 将业务重新定位为信息业务；
- 确保组织能够以数据速度做出响应；
- 认识到竞争优势的基础已从规模、地位和速度转变为适应能力；
- 培养和衡量快速学习的能力；

- 在利用现有机会和商业模式与探索新机会和新商业模式之间取得平衡；
- 摆脱以往成功商业模式的束缚。

时基竞争比以往任何时候都更加重要，现在，企业不仅要跑得更快，还要不断适应，才能跟上时代的脚步。

马丁·里维斯
Martin Reeves

桑迪·穆斯
Sandy Moose

特伊斯·维尼马
Thijs Venema

[第四章]

重温 BCG 矩阵

> 在经营企业时,我们往往全神贯注地关注资本回报率……对我们的投资组合进行认真考量,从而确定哪些业务需要增长、套现、调整或出售。
>
> ——陶氏化学公司(The Dow Chemical Company)2012 年年度报告

在布鲁斯·亨德森提出"BCG 矩阵"(增长矩阵)数十年后的今天,这一概念依然具有强大的生命力,企业仍然需要一种方法来规范、系统地管理产品组合、研发投资和经营业务。《哈佛商业评论》将其称为"改变世界的理论框架之一"。该矩阵一直是商学院战略教学的核心。

与此同时,世界发生了巨大的变化,给 BCG 矩阵的原始含义带来了颠覆性影响:自 1970 年 BCG 矩阵问世以来,企业集团已不再盛行,世事变幻,竞争优势稍纵即逝。鉴于此,BCG 矩阵是否仍然适用?当然适用,但需要做一些必要的改进。

原BCG矩阵

> 一家公司应该拥有不同增长率和不同市场占有率的产品组合。产品组合的构成是关于现金流平衡的函数……利润率和赚取的现金与市场占有率有关。
> ——1970年，布鲁斯·亨德森《产品组合》

20世纪70年代末和80年代初，是BCG矩阵的鼎盛时期，据估计约有一半的《财富》500强企业使用过BCG矩阵（或基于它的方法）。[1]

BCG矩阵有助于企业根据自身竞争力和市场吸引力来决定投资哪些市场和业务，这两个因素的根本驱动力分别是相对市场占有率和销售增长率。其逻辑是，表现为相对市场占有率更高的市场领导者，会带来持续的超额回报。从长远来看，市场领导者通过规模和经验取得了自我强化的成本优势[2]，而竞争对手难以复制。高增长率也预示了那些最容易建立领导地位的市场。

将市场占有率和销售增长率这两个驱动因素放入四象

限的 BCG 矩阵[①]中，每个象限都有一个特定的战略要求。低增长、高占有率的"金牛"应挤出现金，以便在高增长、高占有率且潜力巨大的"明星"中进行再投资；对于高增长、低占有率的"问题"企业，应根据其成为"明星"的可能性，决定是投资还是放弃；低占有率、低增长的"瘦狗"[②]基本上毫无价值，鉴于其目前的定位不太可能产生现金，应对其进行清算、出售或重新定位。

BCG 矩阵在实践中的效用有两个方面。

第一，它为大型企业集团和多元化产业公司提供了一种逻辑，将现金从"金牛"重新配置到具有更高增长潜力的业务部门。而此时，各业务部门往往会保留自己的现金并进行再投资，这在某些情况下会导致投资回报率不断下降。

[①] BCG 矩阵，又被称为市场增长率—相对市场份额矩阵。在 BCG 矩阵图上，纵轴表示企业销售增长率，横轴表示市场占有率，坐标图据此被划分为四个象限，顺时针依次为"明星类产品"（高增长、高市场占有率）、"问题类产品"（高增长、低市场占有率）、"瘦狗类产品"（低增长、低市场占有率）、"金牛类产品"（低增长、高市场占有率）。——编者注

[②] BCG 矩阵中这一象限原先被称为"Dog"（瘦狗），但作者在本书中改为"Pet"（宠物）。为方便中国读者理解，译者在本书中依然将其译为"瘦狗"。——译者注

那么，能够巧妙分配现金的企业集团就可以赢得优势。

第二，它为企业提供了一个简单而强大的工具，使企业能够在利用成熟业务和探索新业务之间取得适当的平衡，以确保未来的增长，从而最大限度地提高企业的竞争力、价值和可持续性。

瞬息万变世界中的BCG矩阵

世界早已改变。在20世纪70年代的黄金时代之后，大型企业集团已不再盛行。更重要的是，商业环境早已今非昔比。

首先，由于技术进步和其他因素的影响，企业面临的环境变化比以往任何时候都更加迅速和不可预测。因此，企业需要不断更新自身优势，加快资源在产品和业务部门之间调配的速度。其次，市场占有率不再是持续业绩增长的直接预测因素（见图4-1）。除了市场占有率，我们现在还看到了竞争优势的新驱动力，如"适应"环境变化的能力或"塑造"新环境的能力。

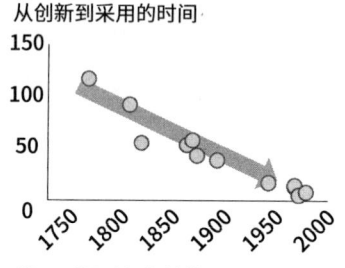

变革加速
从创新到采用的时间
(坐标: 150, 100, 50, 0；1750–2000)
注：时间以年为单位。

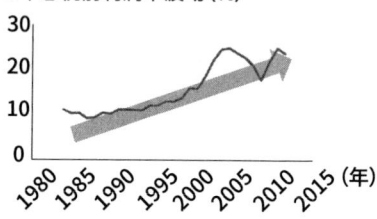

不可预测性
5年息税前利润率波动(%)
(坐标: 30, 20, 10, 0；1980–2015年)
注：息税前利润率的5年平均标准差。

市场份额的重要性降低
市场份额领先者同时也是利润领先者的概率
(坐标: 0.50, 0.45, 0.40, 0.35, 0.30, 0.25, 0.20, 0.15, 0.10, 0.05, 0.00；1950–2013年)
注：销售额与营业利润率的对比。

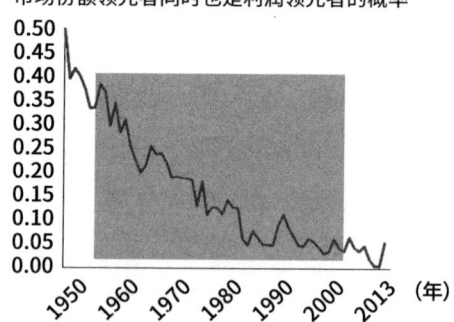

图 4-1　市场占有率不再是持续业绩的直接预测因素
资料来源：BCG 分析

那么，上述两种转变对原先的投资组合概念意味着什么呢？我们想象，这些变化将转变为矩阵中业务分布的变化。随着变化的加速，我们可能会看到业务在矩阵象限之间移动的速度更快。同样，随着变化和不可预测性的加剧，成熟业务受到干扰或中断的情形也会增多，我们可能还会发现"金牛"的数量相应减少，我们从很多案例中看出它们的寿命正在缩短。

为了验证这些假设，我们将单个公司视为企业集团投资组合中的独立业务单元，并仔细研究了这些变化对美国经济的影响。在分析中，我们根据每家美国上市公司的增长率和市场占有率，将其分配到投资组合的某个象限（见图 4-2）。[①]

我们的研究结果有力地支持了前文所述的假设。

首先，与 1988 年至 1992 年这五年相比，20 年后的 2008

---

① 该分析基于 Compustat 数据库提供的 1980 年至 2012 年所有美国公开上市的公司。相对增长率是公司增长率与市场增长率之差，高表示高于市场平均水平，低表示低于市场平均水平。相对市场占有率是指公司的市场占有率除以行业内占有率第三名公司的市场占有率。公司按全球行业分类标准（GICS）进行细分，以确定适当的细分市场和市场增长率。同时，计算了 1988 年至 1992 年和 2008 年至 2012 年的五年期间公司在各象限内的平均停留时间。

公司市场占有率

1982年

	高	低
高 增长	★ 3%	? 60%
低	🐄 (13%)	🐑 24%

相对市场占有率

2012年

	高	低
高 增长	★ 5%	? 51%
低	🐄 (9%)	🐑 35%

相对市场占有率

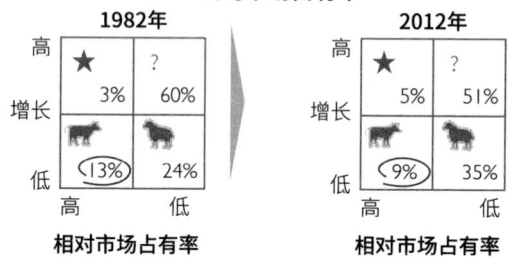

利润占有率

1982年

	高	低
高 增长	★ 6%	? 34%
低	🐄 (53%)	🐑 7%

相对市场占有率

2012年

	高	低
高 增长	★ 22%	? 29%
低	🐄 (40%)	🐑 9%

相对市场占有率

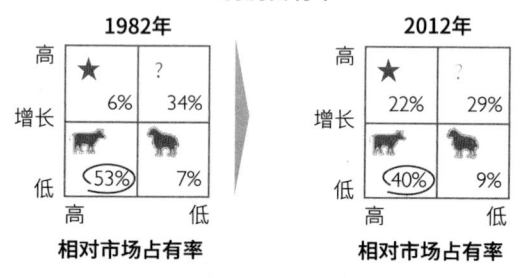

图 4-2　相对市场占有率与持续竞争力之间关系的瓦解

资料来源：Compustat；BCG 分析

注：1. 每个象限中的百分比反映了 1978 年至 1982 年和 2008 年至 2012 年五年期间的非加权平均值。

2. 图中的"增长"指相对于行业增长率的公司增长率。

3. 图中的"相对市场占有率"指相对于市场占有率第三名公司的市场占有率。

年至 2012 年这五年，公司在矩阵四象限中的循环速度确实更快，且在 75% 的行业中皆是如此，这反映出整体业务变化率较高。在这些行业中，公司在一个象限中的平均停留时间减半：从 1992 年的四年减少到 2012 年的不到两年。为了进一步验证这一假设，我们还研究了美国最大的 10 家企业集团[①]，结果发现 2012 年其任何一个业务单元处在一个象限内的平均时间均少于两年。只有少数几个相对稳定的行业受到的干扰较少，它们没有显示出更快的流转速度，比如食品零售和医疗设备行业。

其次，我们的分析表明，相对市场占有率与持续竞争力之间的关系已经不复存在。现金流的产生与市场占有率高的成熟企业相关性不强。在我们对上市公司的分析中，2012 年"金牛"所占总利润比例比 1982 年低了 25%（见图 4-2）。与此同时，经济周期后期的持续时间也有所缩短，在矩阵循环较快的行业中平均缩短了 55%。

---

① 我们对以下公司进行了研究：卡莱尔公司、丹纳赫集团、华特迪士尼公司、陶氏化学公司、杜邦公司、美国通用电气、美国洛斯保险公司、宝洁公司、明尼苏达矿业及机器制造公司（3M）和德事隆集团。

BCG矩阵的持续相关性

> 我们在发布每款新产品时都会牢记速度……并且还将继续努力让一切都变得更快……我们始终在寻找卓尔不群的新领域。
>
> ——谷歌的公司理念

鉴于当今市场变化的快速性和不可预测性,问题也随之而来:BCG矩阵是否已失去价值?

不,恰恰相反!但是,BCG矩阵的意义已今非昔比。它需要以更快的速度加以应用,更加注重战略实践,以适应日益不确定的商业环境。由于市场占有率不再是预测绩效的有力指标,该矩阵还要补充一个新的竞争力指标来替代它。最后,它要更密切地嵌入组织行为中,推动其应用于战略实践。

如今,成功的企业需要更频繁地探索新产品、新市场和新商业模式,通过严谨的测试不断更新自身优势。为了避免浪费资源,这一过程还需要更加系统性地操作,数十年来 BCG 矩阵已成功实现了这一功能。这种新的试验性方法要求企业投资于更多的"问题"业务,以比竞争对手更快、更经济的方式进行试验,并系统性地将有潜力的"问题"业务培育成为"明星"业务。与此同时,公司还需要做好应对市场变化的准备,更快地兑现"明星"和退役"金牛",最大限度地发挥"瘦狗"的信息价值。

谷歌就是这种试验性投资组合管理的典型例子,正如其在企业使命中表述的那样:"通过创新和迭代,我们的目标是将运行良好的事物以意想不到的方式加以改进。"谷歌的投资组合是一个平衡混合体,既有相对成熟的业务,比如关键词广告(AdWords)和互联网广告(AdSense),也有快速增长的产品,比如安卓系统,还有新兴产品,比如谷歌眼镜和自动驾驶汽车。

在谷歌,投资组合管理不仅仅是一项高阶的分析工作,它还嵌入促进战略试验的组织能力中。谷歌众所周知的探索文化为海量创意的产生提供了土壤。经过严谨深入的分析,他们从一些"问题"业务中选出少数几个,再在有限的基础上进行测试,然后再扩大规模。

例如，谷歌邮箱和谷歌眼镜最初就是在一小群特定爱好者中推出的。此类早期测试不仅降低了每个"问题"业务的成本，还帮助公司规避了新产品推出的风险。这些产品发布后，谷歌利用深度分析技术持续监测这些产品组合的市场效果，并在矩阵中调整产品的位置。因此，谷歌每年能够推出和剥离 10~15 个项目。

BCG 矩阵2.0在实践中的应用

为了充分利用 BCG 矩阵在现代商业环境中成功开展试验，企业需要关注四个必要条件。

1. 加速。频繁评估投资组合至关重要。企业应提高其战略时钟速度以适应环境变化，缩短规划周期和反馈回路，因此可以简化投资和撤资决策的审批流程。

2. 平衡探索与开发。这需要有足够数量的"问题"业务，同时最大化"金牛"和"瘦狗"的利益。

• 增加"问题"业务的数量。这需要一种鼓励冒险、宽容失败、允许挑战现状的文化。

- 快速而经济地测试"问题"业务。成功的试验者通过快速测试（例如虚拟测试）来降低失败成本，从而实现这一目标。

- 高效"挤奶"。成功的企业不会忽视利用现有优势资源的必要性。它们通过渐进式创新和精简业务流程，来提升盈利能力，从而获取低增长业务的利润。

- 对"瘦狗"进行严格管理。失败总是与试验如影随形。我们的分析发现，"瘦狗"数量在30年间增长了近50%。虽然布鲁斯·亨德森断言"瘦狗"毫无价值，但现今成功的公司都会从"瘦狗"身上捕捉失败的信号，以指导未来的试验决策。此外，它们还试图降低退出壁垒，迅速行动，在撤出前获取剩余价值。

3. **严格挑选**。企业必须谨慎选择投资和撤资。成功的公司利用各种数据来源、开发预测性分析，以确定哪些"问题"业务应通过增加投资来扩大规模，哪些"瘦狗"和"金牛"应主动剥离。

4. **评估和管理试验的组合经济效益。**了解保持增长所需的试验水平对长期可持续发展至关重要。

• 管理试验速率。成功的公司会不断评估和管理它们产生"问题"业务的数量和成本，以确保其产品线始终充盈。

• 推动新产品和新业务取得成功。企业需要确保"问题"业务成为"明星"业务的概率足够高，并且这些"问题"业务的失败成本是可以接受的，以便维持新产品的增长。

• 保持投资组合平衡。成功的公司寻找今天的"明星"业务（和"问题"业务）希望最终能产生足够的盈利，至少可以取代处于生命周期中后期的"金牛"业务（和"瘦狗"业务），从而使公司的投资组合从长期来看拥有充足的盈利能力。

诚然，不断加快的变化要求企业调整 BCG 矩阵的应用方式，但这一概念的效用并未削弱。布鲁斯·亨德森多年前所写的下面这段话仍然适用于今天，甚至可能比以往任何时候都更加适用：

> 对业务组合的需求越发显而易见。每家企业都需

要有现金投入的产品,每家企业都需要能产生现金的产品,每个产品最终都应能产生现金,否则就毫无价值。只有拥有均衡投资组合的多元化企业,才能利用其自身优势真正把握增长的机会。

**MASTERING
NEW STRATEGIC
CAPABILITIES**

第二部分

PART TWO

掌握
新的战略能力

马丁·里维斯 迈克尔·戴姆勒 伊夫·莫里厄
Martin Reeves Michael Deimler Yves Morieux

罗恩·尼科尔
Ron Nicol

[第五章]

适应性优势

商业环境的剧烈动荡，已经让传统商业战略中一个隐秘却关键的假设显得过时了，即竞争足够稳定、可预测，从而可以轻易确定竞争优势的基础。在一个关键变量持续变动且难以预测的世界里，传统的战略规划方法已经显得力不从心。

对于商业环境的动荡，我们划分出三个重要维度：市场位置的波动性、结果的不可预测性，以及赢家与输家之间绩效差距的不断扩大。大多数行业至少在其中一个维度上经历了动荡，但有些行业，如技术驱动型行业和商业银行，在以上三个维度上均受到了影响。受影响最严重的行业，往往是那些在全球化、自由化、数字化、互联性、解构性以及从产品向服务转变过程中受到不同程度影响的行业。大多数企业，特别是那些以难以预测和瞬息万变为特点的行业，亟须采取一种更具适应性和动态性的战略方法，即一种强调迭代式试验的方法，以此突破传统演绎法的局限，从而跟上时代变革的步伐。

组织将以这样的方法获得适应性优势：通过管理演化的过程不断重塑企业，从而实现在动荡的商业环境中取得卓越成就的能力。在本章中，我们将阐明如何在实践中利用适应性优势。

适应性优势的要素

要在变幻莫测的商业环境中生存，必须具备三个基本要素：准备、响应和弹性。这些要素可以通过改进预测、分散决策、利用过剩产能来缓冲等静态措施来实现。然而，若要在一个动荡的商业环境中获得持续竞争优势，企业必须采用第四种更为动态的递归方法，以确定哪些是更适合的战略，从而能够随着变化而不断发展（见图5-1）。

递归通过四个部分的迭代过程来实现，即变异（variation）、选择（selection）、扩增（amplification）和调制（modulation），其中以调制为核心（VSAM）。

1. **变异**。创新性对于应对日新月异的商业环境至关重要。实现变异的方法包括有针对性的创新，以及对内部实践的无意识或有意识的调整。响应外部环境的信号或利用

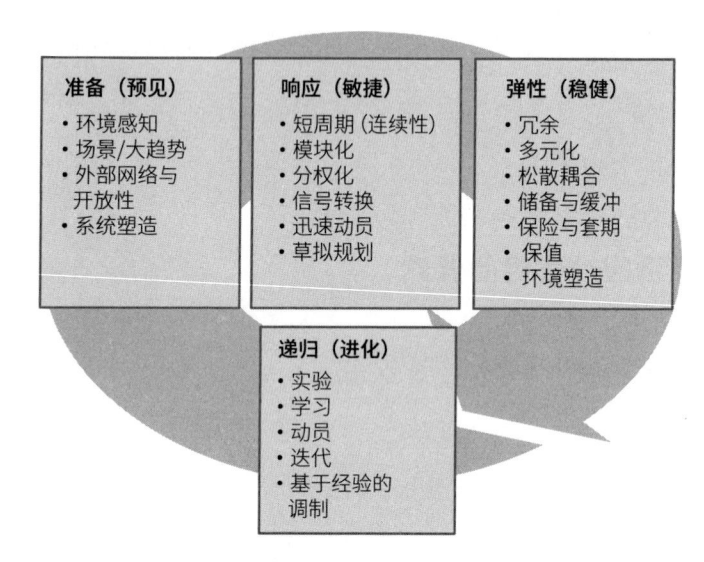

准备（预见）
- 环境感知
- 场景/大趋势
- 外部网络与开放性
- 系统塑造

响应（敏捷）
- 短周期(连续性)
- 模块化
- 分权化
- 信号转换
- 迅速动员
- 草拟规划

弹性（稳健）
- 冗余
- 多元化
- 松散耦合
- 储备与缓冲
- 保险与套期
- 保值
- 环境塑造

递归（进化）
- 实验
- 学习
- 动员
- 迭代
- 基于经验的调制

图 5-1　在不断变化的商业环境中生存的基本要素
资料来源：BCG 分析

外部利益相关者的创新能力，也是行之有效的手段。

2. **选择**。仅有"变异"并不足以让公司适应不断变化的环境，它们还必须通过阶段性评估、投资组合管理、试点项目或有限测试，以及直接在市场上进行全面测试等机制，选出最有前途的"变异"。

3. **扩增**。被选中的"变异"必须进行规模扩张和优化，可以通过正式且有意识的资源分配，或间接通过内外部竞争来实现，并在适当的情况下，将其固化到企业的常规操作和组织结构中。

4.**调制**。调制是战略意图的核心，它根据商业情境、企业目标和能力，对适应性系统的其他三个组成部分进行塑造和微调。因此，适应性战略与生物进化截然不同，后者没有统一的意志或意图在发挥作用。

尽管 VSAM 循环中的每个环节都似曾相识，但适应性战略在很多方面都与传统战略不同。首先，它通过调节新策略产生的情境背景来发挥作用，而非明确指出这些新策略应该是什么。其次，它在很大程度上消除了规划与实施之间的区别，因为成功的策略是从实践中而不是从分析和设计中产生的。因此，适应性战略的核心在于企业在 VSAM 循环中所做出的选择，以便使适应性机制与环境更加适应。

适应性战略的类型

执行和调制 VSAM 循环有多种方式,如何选择主要涉及四个因素。

1. **主动程度**。适应性机制是预见并塑造变化,还是仅仅对变化做出有效反应?

2. **修改程度**。适应性机制仅仅针对产品和流程层面,还是更彻底地针对商业模式或扩展业务系统层面?

3. **探索程度**。适应性机制是专注于完善和利用一个成功的模板,还是探索新的领域和可能性?

4. **意图程度**。适应性机制主要是分析性的、结构化的、程序化的和深思熟虑的,还是由内部或外部的合作或竞争间接产生的结果?

一家企业的最佳选择主要取决于环境因素,尤其是环境变化的速度、变化的可预测性以及所需变化的程度。适应性战略通常有四大类型(见图 5-2)。

1. **短跑者**。只有在动荡和所需变化程度都不高的环境中,企业才可以专注于快速优化和利用现有的商业模式,以

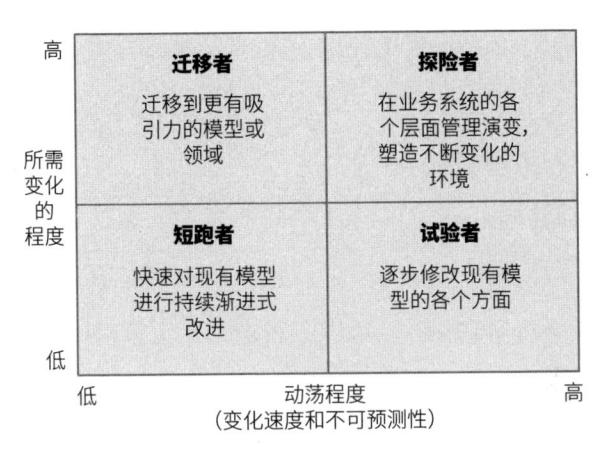

高	**迁移者** 迁移到更有吸引力的模型或领域	**探险者** 在业务系统的各个层面管理演变，塑造不断变化的环境
所需变化的程度		
低	**短跑者** 快速对现有模型进行持续渐进式改进	**试验者** 逐步修改现有模型的各个方面
	低　　动荡程度　　高 （变化速度和不可预测性）	

图 5-2　适应性战略的四种类型

资料来源：BCG 分析

同步应对日益变幻的商业环境。例如，时尚零售商飒拉（Zara）专注于在其门店销售数据与新产品设计和制造之间建立快速反馈机制。这种模式使飒拉能够紧跟时尚潮流前沿，无须对潮流走向开展高投入的研究预测。

2. **试验者**。在动荡程度较高但所需变化程度较低的环境中，那些商业模式基本健全的企业，也必须通过迭代试验的方式来调整其产品组合或提升某些业务的水平。例如，麦当劳在保持其总体商业模式不变的情况下，采用一种结构化流程来设计、测试和推出菜单。如此，麦当劳就能随着顾客偏好的变化而自我改进，同时仍保留高效精炼的厨房模式作为其运营核心。

3. **迁移者**。在中度动荡但高度需要变化的环境中，企业必须采取一系列有针对性且审慎的步骤，有意识地将过时的商业模式或业务领域迁移到更有吸引力的地方。例如，维珍集团通过对有成功潜力的业务进行规模化扩张、干净利落地剥离或关闭失败的业务，系统地管理着各种极具挑战的业务组合。

4. **探险者**。在高度动荡且高度需要变化的环境中，企业需要对商业模式或管理系统进行深入探索。这可能涉及对一系列竞争性商业模式和战略的多种组合进行"现场"测试，其中一些甚至可能相互矛盾。网飞就是一个很好的探险者例子，它在极度动荡的电影租赁行业中曾多次重塑其商业战略和商业模式的基本方面。它取消了滞纳金（滞纳金曾经一度是行业利润的支柱），转而在各类平台上探索视频流媒体，以牺牲邮寄DVD业务为代价，从而在竞争中保持领先。网飞成功地主导、重塑了一个混沌的行业，而在这个行业中,那些适应性较差的竞争者则败下阵来。

开启征途

对处于快速变化商业环境中的企业而言,适应性优势是一个极为重要的概念。它不仅涉及不同的运营模式,还涉及对战略的不同思考方式。因此,采用适应性策略的第一步是要意识到动荡和不可预测性所带来的挑战与机遇,以及可供选择的适应性策略。

领导者可以通过让管理团队思考以下五个基本问题来开始这一旅程:

- 我们这个行业的竞争优势基础正在以多快、多彻底的方式发生着改变?
- 我们如何有效地追踪、塑造和适应这些变化?
- 如未能适应变化,其代价是什么?
- 鉴于我们所处的情境,短跑者、试验者、迁移者或探险者这四种适应性策略中,哪一种最适合我们?

• 哪些做法、能力或信念会妨碍我们接受和部署适应性优势?

我们相信,适应性优势将日益成为传统概念中地位和能力优势的重要补充,并被证明其在不断变化的商业环境中对企业生存的重要性。

马丁·里维斯
Martin Reeves

彼得·汉密尔顿
Peter Hamilton

凯文·惠特克
Kevin Whitaker

[第六章]

寻求捉摸不定的适应性

商界领袖往往推崇"适应性",即随环境变化而改变的能力。随着技术持续推动商业模式的颠覆式创新,在新冠病毒流行前,政治和经济的不确定性就已处于较高水平,同时企业业绩也更快地向均值收敛。[1] 所以此时讨论适应性适逢其时。

关于如何适应,我们并不陌生。从计划试验、数字化A/B测试,到思维拓展场景和零基预算,再到"全天候战略"以及新的组织模式,这方面的著作屡见不鲜。

然而,企业和机构似乎很难言行一致。已故的克莱顿·克里斯坦森的著作提醒我们,尽管有证据表明先发制人是最好的选择,但许多公司却未能在被颠覆之前就进行自我颠覆。虽然人们热衷于采用不同的组织方式来更好地适应当前的商业环境,但几乎所有公司的组织方式仍然基于马克斯·韦伯最初的科层制度原则,即以稳定而非变革为前提。

适应性到底难在哪里?以下10种错误观念可能会妨碍为了构建适应性而必需的心理、行为和结构性改变。

关于"适应性是什么"的迷思

1. **适应就是优化**。适应是一种演化。广义而言,生物体通过不断优化自身来适应持续变化的环境,创造新的变异,观察有效方法,并增强成功概率。然而,企业的优化大多与此完全相反。企业通过减少变化来降低成本和提高盈利能力,而变化才是演化学习的命脉。100%的效率意味着没有变化,意味着不再学习新事物。因此,优化不是适应。

2. **适应仅是一句口号**。管理理念经常更新,企业也会迅速将其纳入自己的语料库。近年来,我们看到诸如"适应""敏捷""精益""生态系统"等词汇大行其道。这些新概念在使用过程中往往被泛化和简化,以至每件事似乎都可以成为某个概念的例证,严格的定义反而变得难以解释了。于是,这些概念就失去了其应有的价值。适应性也是如此。可悲的是,"适应性"不仅仅是一个时髦的行话,还是一个精确的概念,即企业组织都要欣然接受这种演化性的变革。

3. **适应不是商业行为**。我们所熟悉的大型组织诞生于相对稳定的时代，彼时允许并要求有规划、明确的职责和严谨的执行。因此，许多大型组织已经形成了这样一种文化，其意图的明确性、计划的一贯性、实践的一致性和执行的纪律性成为备受珍视的美德。相比之下，不一致、变化、试错、偶然发生似乎在某种程度上显得有些不合时宜。这种隐性偏见破坏了混乱但有效的适应过程。

关于"适应性需要什么"的迷思

1. **失败是坏事**。众所周知，快速、反复的失败是有效的学习途径，但组织往往直接或间接地奖励那些与此相反的行为模式。这并不是说失败是好事，而是说适应性需要尝试新事物，其中总有一些不那么成功。因此，失败是适应性的必然副产品。几年前，在与美国参谋长联席会议前主席马丁·登普西将军交谈时，他反思说，当时他面临的最大挑战之一就是，军队高层都是从未失败过的人，而应对诸如简易爆炸装置的快速演变这类问题时需要极强的适应能力，因此他们也需要失败的经验。

2. **我们不能只是广撒网**。事实上，如果希望组织能够适应环境，我们可以而且在某种程度上也必须这样做。更确切地说，我们需要以非计划性的方式行事，接受事物出乎意料地运转良好，从而有效地去适应。换言之，我们需要创造变化，接受不断涌现的新战略。当然，我们不必广撒网式地把所有想法都尝试一遍，只有在快速发展的新兴业务中，试验才更具价值。此类试验还应尽可能大胆假设、小心求证、谨慎试验，以规避对整个组织带来的风险。

3. **企业需要立足当下**。毫无疑问，适应不断变化的环境应以试验和观察为指引，但更大的飞跃首先要被想象出来。思维在创新中发挥着关键作用。事实上，我们人类的独特思维之一就是反事实思维能力，这是当前人工智能无法企及的。虽然机器学习的变革潜力巨大，但无法取代人们对创造力的需求。我们可以更高效地检验假设，但这些假设必须有一个来源。想象各种可能性会提高我们对意外和异常情况的敏感度，这些意外和异常可能会引导我们朝期望的方向发展。我们应该记住，强调"实用性"与强调"想象力"同样重要，因为这两者对于企业维持业务与发展均必不可少。

4. 不一致，就会乱。适应性在分歧（创造变异）和趋同（选择和扩增）之间交替进行。拥抱变异，与在源源不断的更新、更优的方法中进行挑选和调整是殊途同归的。针对昨日辉煌进行最大限度的调整，并不是当下学习新做事方法的有效途径。

关于"在适应性中扮演什么角色"的迷思

1. **高管们谋定而后动**。在稳定时期，高管们会审慎分析市场，回顾过去的竞争定位和绩效，并制订长期计划。然而，在当今数字化环境中，竞争对手和颠覆者会不断尝试新的举措。科层式结构无法与数字创新的速度相匹配，行动有时必须先于分析，尽管这听起来有悖常理。

2. **管理者和员工负责执行**。同样，在稳定时期，工作计划是由高管团队或战略职能部门制订的（尽管也有来自一线员工的意见），组织其他部门的工作就是按部就班地执行计划。与之相反的是，适应性来自一线员工在不同情况下尝试了不同的方法、学习哪些方法有效之后再分享这些知识，然后通过编纂和推广，让组织的其他人员也获得这些知识。这就需要赋予一线人员尝试新事物的权利，并建立"先斩后奏"的企业文化。

3.**适应是组织要做的事**。适应性需要有一系列的想法和实践，再从中挑选出最适合的。一个组织要想适应不断变化的环境，就必须在个体层面上进行试验。因此，从根本上说，适应性不是一种文化属性或政策，而是个体尝试新事物的意愿和自由。

综上，组织需要克服上述思维倾向和错误观念才能获得适应性。它们必须接受试错，这必然会带来一些失败；高管必须建立组织情境，而不是发号施令；一线员工个人必须得到授权；行动必须有倾向性；必须深刻认识和接受适应性的本质；必须克服对效率的痴迷和过于谨慎的"实用主义"；应该拥抱想象力；最后，我们还必须调和分歧与趋同之间显而易见的矛盾。

　　上述要求对我们来说都不陌生。构建适应性,首先应从改变以上错误观念做起!

马丁·里维斯 特伊斯·维尼马 克莱尔·洛夫
Martin Reeves Thijs Venema Claire Love

[第七章]

塑造战略

你知道海勒姆·马克沁爵士是谁吗？事实上，他是与托马斯·爱迪生同时期研究电灯的众多发明家之一，也被认为是这项可行性技术的第一个研发者。然而，公众却将电灯的发明与爱迪生这个名字紧密连接在一起，这是为什么呢？

爱迪生改进的电灯泡最终在技术上被证明比同时代其他人的发明更为优越。但爱迪生的名字之所以永远与电灯泡的发明联系在一起，主要是因为他成功地塑造了一个可以将他的发明商业化的环境。1879年，在旧金山门罗公园实验室，爱迪生首次向公众展示他的电灯泡时，他宣称："我们会让电价便宜到只有富人才会点蜡烛。"仅仅两年后，他就在曼哈顿下城启动了公司的第一座发电站。此后的五年内，爱迪生的配电网络站点就已超过120个，配备了诸如爱迪生巨型发电机、爱迪生馈电线和并联配电系统等发明成果。

但爱迪生并不仅仅局限于现实业务层面的塑造活动，他还尽力征服人心，对利益相关者进行洗脑。例如，当交流电技术挑战了他的配电系统所依赖的直流电技术时，爱迪生便发起了一场公关活动，试图说服公众和监管机构这项新技术不够安全。

一个多世纪后的今天，企业正在借助于许多行业、领域和地区正在发生的深刻变革，采用同样强大的塑造战略。例如，全球医疗保健企业诺和诺德公司联合监管机构、医生和患者，塑造了中国糖尿病保健市场，为公司赢得了优势。脸书向外部开发者开放其平台，利用由此建立起来的生态系统超越了竞争对手。美国西南航空公司采用颠覆性创新手段，完成了对成熟市场的二次重塑。

与爱迪生一样，这些公司都明白，它们所处的环境虽不可预测，但可塑性极强，因此需要一种塑造战略。在本章，我们将探讨它们是如何在看似迥然不同的市场中实施这一战略的。

塑造战略势在必行

我们最初所做的，也是我们在世界各地都在

做的，就是开始与政府建立关系，向它们解释有关糖尿病的问题，并着手对整个公共卫生部门进行宣教。迄今为止，我们已经向中国五六万名医生普及了糖尿病知识。因此可以说，我们在中国的市场营销就是教育。[1]

——诺和诺德公司前首席执行官

拉尔斯·锐比恩·所罗森

塑造战略是五种基本战略风格或战略方法之一。与经典战略、适应战略、愿景战略和生存战略一样，塑造战略适用于特定市场环境。[2] 一家公司的战略风格选择最终取决于三个因素：一是市场的不可预测性；二是可塑性，即公司能够影响竞争力的程度；三是竞争的严酷性。

事实上，许多市场在当下都适用塑造战略。受全球化、技术变革、信息透明度增加等因素的推动，外部的不可预测性正在攀升。与此同时，许多市场正变得更具可塑性。那些新兴市场中的高增长率和分散化趋势为践行新商业模式提供了机会，技术变革则为颠覆性创新创造着新机遇。人口结构的变化缔造了新的市场，其发展可能受到影响。当各国政府着手应对上述演化时，企业同样有可能影响和塑造监管规则的制定。

有三个领域特别适合制定塑造战略：一是在新兴市场，二是在年轻而充满活力的行业，三是在亟待颠覆的成熟行业（见图7-1）。

新兴市场

我们的分析表明，新兴市场的不可预测性和可塑性是成熟市场的两倍。[①] 其不可预测性是由一系列因素造成的，例如这些经济体高度依赖出口和外国直接投资，还易受商品价格波动和汇率的影响。同时，由于增长率高、行业分散，在人口结构不断变化以及监管环境持续演变的背景

---

① 我们用市值波动来衡量不可预测性，用增长率、规模收益和行业分散度的综合指数来衡量可塑性。

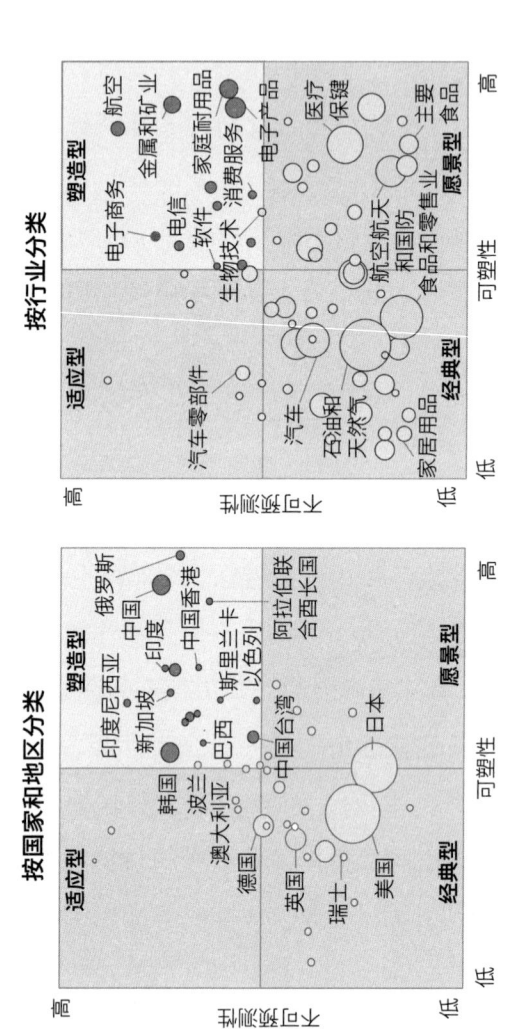

图 7-1 许多市场制定塑造战略的时机已成熟

资料来源：BCG 分析

注：圆圈的大小代表收入总和的多少。

下，这些市场具有独特的可塑性。

早在糖尿病在中国构成严重威胁且被公众广泛认知之前，诺和诺德公司就在20世纪90年代抓住机遇，塑造了中国糖尿病的治疗市场。该公司的策略是多管齐下的，包括投资医生教育，成立专家顾问委员会，并通过举办政策论坛等活动提高了人们对糖尿病的认知。诺和诺德的提前介入使其在影响政策制定者方面赢得先机，并帮助公司推动了中国糖尿病临床治疗指南的制定以及患者教育的发展。

诺和诺德通过塑造其营商环境，为公司增长奠定了坚实的基础。截至2010年，该公司在中国胰岛素市场的份额高于60%，约占中国整个糖尿病治疗市场的35%，是其排名第二位竞争对手的两倍。

年轻而充满活力的行业

诸如软件、互联网服务等新兴行业的发展，为那些足够大胆去塑造它们的企业家提供了同样巨大的机遇。年轻而充满活力的行业本质上是难以预测的。没有人能准确预见 iPhone 手机、脸书和水力压裂技术所创建的市场规模、增长速度和盈利能力。这些行业通常也具有可塑性，即进入壁垒低，新产品面对的监管缺位，并且人们通常不清楚哪些公司和商业模式会在竞争中脱颖而出。

脸书成功塑造了一个年轻而充满活力的行业就是这方面的经典案例。它最明智的创举之一是在 2007 年向外部开发者开放其平台，从而吸引了各种各样应用程序的加盟。它无法预测任何一款应用程序能够做到多大或多成功，当然它也不需要预测。2008 年，脸书已经吸引了 3.3 万款应用程序，而到 2010 年，这个数字已经增长到超过 55 万。

随着行业的发展，超过三分之二的成功的社交网络应用都是游戏，所以最受欢迎的应用程序出现在脸书也就不足为奇了。即使社交网络的格局发生了巨大变化，单就数量而言，最流行的应用程序也将出现在脸书。通过创建一个灵活且广受欢迎的平台，脸书积极塑造了有利于自身的环境，而不仅仅是在现有市场中站稳位置，或在市场发生变化后被动地应对。

亟待颠覆的成熟行业

许多成熟、看似稳健的行业也很适合采用塑造战略。这些市场可能突然出现意料之外的波动、低增长和有限的创新，它们都会迫使企业寻找新的盈利模式。不满意的客户可能会期盼替代产品和服务的出现。成熟行业也可能变得具有可塑性，特别是当行业经历了监管或技术上的突变时，可能会削弱现有企业的实力。

比如航空业，在20世纪80年代，该行业已经成为一个增长缓慢、相对分散的市场。美国西南航空公司通过推出颠覆性创新的商业模式，以低成本、有限服务、快速转机和点对点航班为核心的模式，震惊了整个行业。这一模式是美国西南航空公司塑造战略的基础，不仅令当时其他老牌航空公司始料未及，还动摇了业内竞争的根基。

美国西南航空公司成功利用众多利益相关者，进一步加强了塑造战略。他们与二级机场建立了互惠互利的关系，借此绕过由老牌航空公司主导的枢纽机场。他们还积极参与当地经济，使公司在政策制定者面前拥有了一定的话语权。这一战略取得了成功。受到美国西南航空公司战略的启发，众多低成本航空公司应运而生。

塑造与改变

成功的市场塑造者，如诺和诺德、脸书和美国西南航空公司，都展示了一些有志成为塑造者所必须具备和发展的关键能力。其中最重要的是以下几点。

1. **认清机遇**。企业必须确认自己所在市场是否可以足够成熟地执行塑造战略，这一判断基于该市场的不可预测性和可塑性。衡量不可预测性的依据是市场资本化水平、需求、盈利能力和竞争定位的变化情况；可塑性可以通过增长率、规模收益、行业分散度和颠覆性创新的成熟度来评估。

2. **应对不确定性**。可塑性环境往往充满了不确定性。为了应对这一挑战，企业必须采取若干适应性举措。首先，企业必须不断审视环境，识别变化的动态，并实时做出反应。其次，企业必须确保其组织具有足够的灵活性，通过模块化结构促进协作与试验，管理层要重视风险承担并对企业外部创意持开放态度。最后，企业必须持续不断地进行试验，因为预测哪种产品或战略会取得成功并非易事。

3. **影响利益相关者**。企业需要通过建立关系、保持合作和建言来影响利益相关者，并努力与关键意见领袖和决策者建立密切联系，努力了解他们的动机。企业还必须证明其行为不仅仅要符合自身的利益，也要符合所有利益相关者的广泛利益。

4. **践行承诺**。企业必须言行一致。有志于塑造市场的企业不能仅靠宣传，还必须通过投资和透明度的提升来展现自己的可靠、可信。

5. **构建生态系统**。一旦利益相关者被说服并做出承诺，企业就可以通过建立一个多公司生态系统来加速变革。企业应设计激励机制，让所有参与者实现共赢，在必要时还应采取措施协调参与者之间的合作，确保合作伙伴的多样性和合作关系的深入发展。此外，企业还应努力创造一个具有透明度的环境，通过反馈来驱动集体学习。

6. **颠覆性创新**。最后，未来的塑造者应寻求和利用颠覆性创新，从外部环境着眼，探寻是否有更好或更加多样的方式满足客户的需求，从而重新定义自己的商业模式。在塑造环境时，颠覆性创新（如苹果公司推出 iPhone 系列手机）可以发挥重要作用，并使企业成为极具吸引力的合作伙伴。

在当今日益动荡的商业世界中，塑造战略变得越发必要且极具价值。如果企业未能意识到机遇的存在，不能抓住时机塑造自身的环境，就会面临被环境塑造的风险。

马丁·里维斯 朱利安·勒格朗 杰克·富勒
Martin Reeves Julien Legrand Jack Fuller

[第八章]

你的战略流程需要一个战略

自 20 世纪 60 年代初，商业战略作为一门学科诞生以来，商业领袖们接触到了越来越广泛的战略方法和视角：经典的计划执行视角、适应性战略、生态系统战略、蓝海战略[1]、价值迁移、动态能力视角等。[2]

尽管战略方法和视角越来越多，但公司制定和实施战略的流程本质上仍然是一样的，即战略规划。企业高管提出愿景和方向，业务部门则根据市场和竞争分析结果制订更详细的计划，然后在下一个规划周期之前对该计划提出疑问，然后确认，最终采用。问题在于，这一过程与商业环境之间可能存在巨大的落差，因为瞬息万变的环境很快就会让计划成为明日黄花。例如，一家公司可能需要更具试验性和探索性，或者需要与多公司生态系统中的其他参与者共同发展，而这两种情况都不适合采用全公司范围的周期性规划。

我们需要重新思考定义和实施战略的流程，需要拓宽战略职能可用的流程选择，从而使我们的战略真正帮助我们在面对特定的商业环境中获胜。

不同环境的挑战

近几十年来,随着商业环境日益多元化,针对不同情境选择适配的战略方法和视角变得越发重要。如图8-1所示,战略有五种广义的方法和视角:

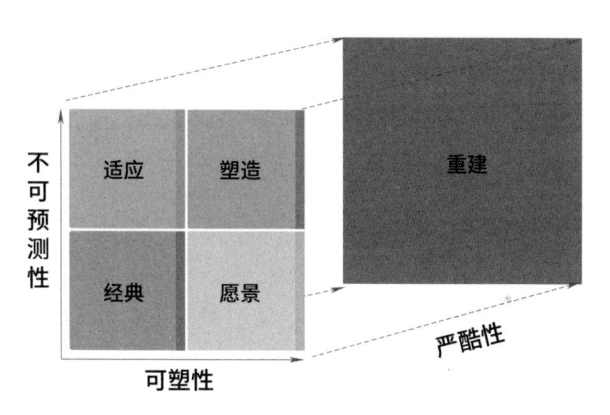

图8-1 五种广义的战略方法和视角
资料来源:欲了解更多战略方法和视角,以及本文所用引文的语境,请参阅:Martin Reeves, Knut Haanaes, and Janmejaya Sinha, *Your Strotegy Needs a Strategy: How to Choose and Execute the Right Approach*, Harvard Rusiness Review Press, 2015.

1. **经典**:清晰的分析、规划和执行三个阶段;适用于可预测的稳定环境，比如随着 GDP（国内生产总值）增长的成熟品类（像糖果、化妆品）。

2. **适应**：重复试验并推广行之有效的视角；适用于变幻莫测的环境，其中新技术、新商业模式推动着日新月异的产品和需求模式。

3. **愿景**：运用想象力创造出一个具有颠覆性影响的产品、服务或商业模式，然后坚持不懈地创造和发展一个新市场；当一家企业能够对环境产生重大影响而不仅仅是被动地适应环境时，愿景便是举足轻重的。

4. **塑造**：在同时具有不可预测性和可塑性的环境中进行协作，要求企业利用生态系统和平台。

5. **重建**：在环境恶劣或公司战略与环境长期不匹配、时间和资源有限无法进行分析和深思熟虑的情况下，需要采取必要而激进的行动。

领导者在制定战略时需要做到三件事：一是准确解读商业环境，二是选择与环境相适应的战略方法和视角，三是制定一个在特定公司中实施该方法和视角的战略流程。即使公司高管把前两件事都做得很好，也确定了正确的方法和视角（比如重建战略），但公司最终可能仍会坚持经典的全公司范围的周期性规划，或者建立多个试验流程——对重建战略来说，这些流程或许太慢或许不够激进。因此，最初通过深思熟虑选择出来的策略，在实践中可能会寸步难行。

将视角和流程衔接起来并非易事。例如，2011年前后，通用电气公司在逐步发展成为一家领先的数字化公司时，时任首席执行官的杰夫·伊梅尔特意识到需要采用适应性视角。正如他所述："推动变革最困难的挑战之一就是允许新信息不断涌入，并给自己适应的机会。"然而，这种视角在某种程度上与通用电气实际制定和实施的特定战略相悖。在巨额投资的支持下，通用电气提出了一个宏大愿景——创建工业互联网操作系统。[3]伊梅尔特宣称："我们已雇用了数千名员工，在技术开发上投资了数十亿美元。"通用电气高管在采访中表示，这些做法与瞬息万变的物联网环境相冲突。正如伊梅尔特所言，即使像通用电气这样坐拥丰厚资源的公司，也依然需要适应性。因此，通用电气调转方向，专注为现有客户试用工业应用程序，这一流程恰恰符合适应性的"测试和规模"视角。

通用电气公司的案例表明，不仅广泛的战略视角必须与市场现实协调一致，而且企业特定战略开发和实现的战略流程也必须与战略视角、市场环境相一致。这一结论至关重要。

五种战略方法和视角

让我们考虑一下与不同战略方法和视角匹配最佳的战略流程。对上述五种方法和视角中的每一种，我们都可以定义一个与之匹配的战略流程。

经典视角：规划

经典视角的精髓在于制订并实施一个稳定不变的行动计划，该计划在环境相对可预测时最为有效。因此，该战略流程的要务就是创建一个切实可行的计划。

高层管理团队通常要制定最初的方向或愿景，随后业务部门会进行各种类型的分析，如市场建模（预测品类增长和未来份额）和详细的财务预测。这一过程需要一些时日，因为必须对各种想法进行分析验证和整合，最后由管理层做出决策。玛氏公司核心业务的战略流程就是一个典型例子。正如其前任总裁保罗·迈克尔斯所说："我们制订计划，是因为我们在相对稳定的市场中运营。"计划由公司高层的一个小组磋商后制订，迈克尔斯称，该小组由"我、首席财务官和其他几个人"组成。

我们可以用字母v来表示这一规划过程。具体来说，从v的左上角开始，管理层将初始目标下达给业务部门（到达v的底部），业务部门再将详细的计划反馈给公司，最终由公司敲定计划。

适应视角：试验

在相对难以预测的环境中，集中的周期性规划毫无意义。相反，此时战略视角要求迅速试验和适应，从而利用那个变幻莫测的环境。简言之，这一战略流程就是在不断的试验中完善并资本化。

适应性战略在测试和选拔优胜者的短周期试验中效果最佳。这一过程的关键要素包括：收集和读取信号以发现商机的能力；企业内部数据的自由流动，使团队能在几乎没有中心化管控的情况下识别机会；能够随时终止失败、成功扩大规模和组织机制。

飒拉集团以这种方式执行其适应性战略。通过对服装风格进行实时的市场试验来发掘新兴的潮流趋势，他们先进行小规模的投入，之后再根据试验结果迅速扩大规模。其中，每个季度的服装系列只有15%~25%是提前六个月确定的。这个过程可以用字母o来表示，代表这种快速迭代的"测试—发现商机"循环。

愿景视角：想象

当市场对某一特定公司具有可塑性时，愿景视角即可大显身手。由此，公司就可以围绕一个具有变革性的产品打造或塑造一个市场，而不是简单地应对既有环境。在这种情况下，战略流程的任务就是激发想象力，聚焦于有前景的产品、服务或商业模式，然后坚持不懈地将其推向市场。

想象力在迭代循环中发挥作用的机制是,从一个起点开始——通常是一个愿望,或是某种需求未能得到满足的痛点,然后将其阐述成一个可实现的提案或模型。关于想象力,有一些广为流传的故事,比如史蒂夫·乔布斯与苹果公司,人们一直认为想象力只发生在一个人的头脑中,但事实上,这是一个社会过程。在苹果公司,史蒂夫·乔布斯曾翻来覆去地与乔尼·艾夫等人推敲、阐明他的想法。再比如,基因测序公司23andMe的概念是由安妮·沃西基经过长时间的思考并借鉴她在医疗保健领域的经验,继而在与科学家和工程师的讨论中得以提炼而形成的。

这一过程的关键要素包括:丰富的构思与模型对最初想法带来的影响;愿意对仍在形成中的构想保持耐心;有效地从模型中学习;坚持不懈、下定决心直至创造出新市场。这可以用字母 q 来表示,圆形部分代表公司内的想象力迭代,而一旦创造出具有前景的产品,就必须将其推向市场,就像 q 的尾部。

塑造视角：协作

当一个环境既有可塑性但又难以预测时，这就意味着对长期愿景做出努力是不明智的，此时基于生态系统或基于平台的视角才是适配的。这里的战略流程就是支持有效合作，从而塑造一个不可预测的环境，使之对公司及其利益相关者有利。

阿里巴巴[4]在这方面做得尤为出色。它构建了一个广受欢迎的平台，吸引其他公司参与，深刻地影响了中国电子商务的发展方向。另一个例子是红帽公司（Red Hat），它通过吸引一群程序员来开发开源软件，而这一过程的成功需要建立一个平台来协调合作，与其他参与者共同开发产品。协作还需要建立一个快速响应的组织，在这方面，阿里巴巴走在行业前列，它想成为一个能够自我调整的组织[5]，从公司的生态系统中获取实时数据，以达成"尽量多地由机器做出运营决策"的目标。

我们可以用大写字母 O 来表示这一过程。与适应性战略的试验过程（用小写字母 o 表示）一样，协作过程也包含了测试、学习和发展公司理念与策略的循环。然而，大写字母 O 的规模更大，表明该流程涵盖了公司范围以外的参与者。

重建视角：务实

当环境恶劣到连公司的生存能力都受到威胁时，就需要立即采取纠正措施。在这种情况下，战略流程的任务就是促进快速干预，这意味着在压力下做出务实的选择，找到那条重返增长的道路。

我们可以用字母 I 来表示这一过程，即表示自上而下的快速决策，以确保企业生存。要做到这一点很难，由于时间有限，信息的质量很可能因此受限。无论在内部还是外部，几乎都没有进行全面分析或全程参与的空间。相反，那些扭转僵局的关键举措必须由高层来推动。这一战略流程的典型案例是美国运通公司在 2008 年至 2009 年面对严酷商业环境时的反应。"首先，我们必须处理成本问题……而且必须立即采取行动。"时任首席执行官的肯·谢诺强调。他认为，需要分析公司的成本结构，以此作为迅速节省成本决策的依据，随后"有选择地进行投资以期恢复增长"。

定制战略流程

上述五种战略流程实际上是连续统一的点,我们还应考虑如何将它们组合成适合不同情境的变体。

有两种常用的变体阐明了这一观点:v(规划过程)通常被扩展为w,表示企业领导层与业务部门之间的进一步迭代;同样,v(规划过程)和o(试验过程)经常组合成vo,意思是初步试验定义一些指导原则,随后在企业了解什么有效、什么无效的过程中,持续进行重新评估。

可能的其他变体不胜枚举。例如,在一个持续不可预测的环境中运行多个试验项目(oo);初始的生态系统参与设定了后续适应性试验的方向(Oo);一个试验的初始阶段为一次富有想象力的、有远见的尝试提供了信息(oq)。图8-2展示了战略流程调色板中可用的不同组合。

图 8-2 战略流程的变化

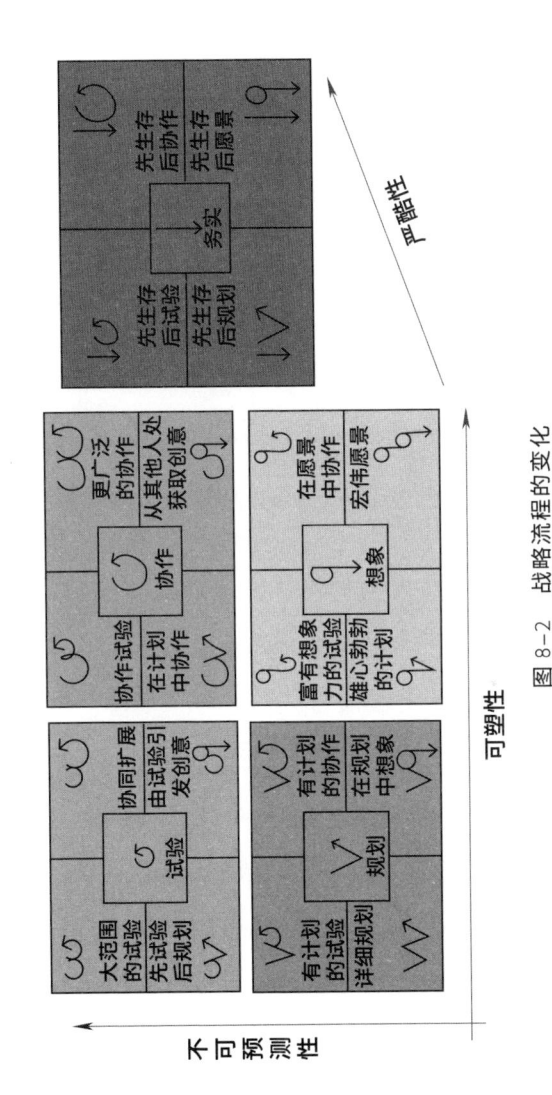

资料来源：欲了解更多战略方法和视角，以及本文所用引文的语境，请参阅：Martin Reeves, Knut Haanaes, and Janmejaya Sinha, *Your Strategy Needs a Strategy: How to Choose and Execute the Right Approach*, Harvard Business Review Press, 2015.

第八章 你的战略流程需要一个战略　　　　　　　　　　　　　　　95

管理多重战略流程

大多数公司采用单一的战略流程，通常是经典规划，再统一推行。但是，大型公司几乎总是面临多种不同的商业环境，跨时间或跨部门的情况比比皆是。外部环境或高或低的可预测性和可塑性，让企业需要通过恰当的战略流程来实施不同的战略方法和视角。因此，企业领导者和战略部门需要有管理多重战略流程的能力。

如同双手同时工作的人，二元性企业[6]可以在不同的业务单元采用不同的战略方法和视角，例如，一个部门采用经典视角，另一个采用适应性视角。这类企业在流程上也需要灵活性，即不同的战略方法和视角需要成功落地。

此类二元性企业的领导者需要定义"元流程"，即在复杂的企业中协调不同战略流程的方法。如何做到这一点，取决于多样性（企业面临的商业环境的多样性）和动态性（这些环境变化的频率）。根据这些维度，我们可以定义出四种元流程（见图8-3）。

1. **高多样性，低动态性：分离**。当环境多样性高（企

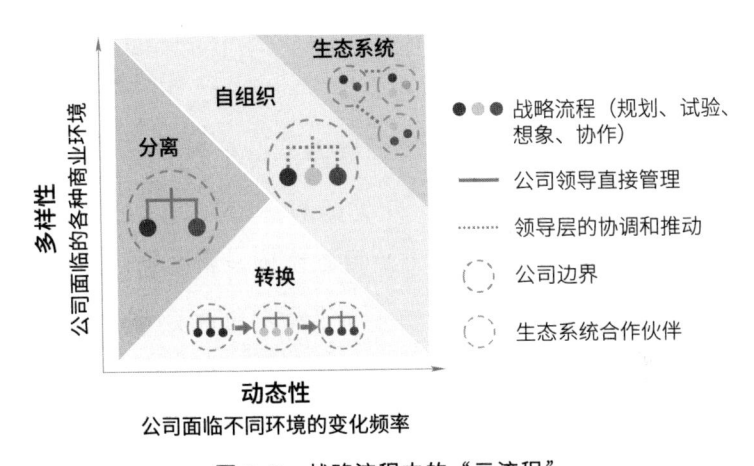

图 8-3 战略流程中的"元流程"
资料来源：波士顿咨询公司亨德森智库

业同时面临多种类型的环境），但动态性低（环境的集合保持不变）时，在企业领导层的监督下，并行运行独立的战略流程是较为合理的。

这要求领导者熟悉一系列战略方法和视角以及制定战略所需的流程。他们应了解每个流程的不同要求及其预期产出：传统业务部门的年度计划、前瞻性业务部门令人信服的变革性思路等。百事可乐前首席执行官英德拉·努伊曾描述过这种分离："经营核心业务的团队应持续高效地

第八章 你的战略流程需要一个战略

做他们正在做的事……其他团队不应受现有模式的影响，而应完全专注于颠覆它。"

2. **低多样性，高动态性：转换**。当多样性低但动态性高时（例如，企业面临一种类型的环境，但随着时间的推移环境会发生变化），随着商业环境的重大转变而转换战略流程是有意义的。这要求企业领导者定期重新评估环境，并随时准备根据需要改变战略流程，即使这涉及对现有工作方式会产生自上而下颠覆性的影响。荷兰安智银行（ING BANK N.V）成功地做到了这一点，随着相对稳定的银行业环境被扰乱，可预测性降低，他们成功地从经典视角转向了适应性的"敏捷"视角。

3. **高多样性，高动态性：自组织**。在多样化和动态变化的环境中，自上而下的管理变得过于复杂，甚至寸步难行。因此，高管团队应该为业务部门留出自组织的空间，让它们根据各自面临的特定环境，自行确定最合适的战略流程。然而，公司总部仍然有责任创建资源的"内部市场"并规范其运行的规则。

中国家电企业海尔就开发了这样一种模式，旨在构建一个"能够自主运作，由员工自己领导的企业"。它将公司分成 2000 个基本自治的单元，而首席执行官的目标是成为"一个对下属而言几乎是无形的领导者"。

4. 极高的多样性和动态性：间接影响。在最具多样化和动态化的情况下，企业可能无法在内部实施所需的全部流程，而需要协调一个或多个外部合作伙伴的生态系统。在这种情况下，领导者必须尽力塑造有利的生态系统，同时与可能正在运行截然不同战略流程的合作伙伴展开合作。这通常可以通过数字平台间接实现，比如双边市场。举个例子，苹果公司的许多产品都采用了愿景规划流程，而在其应用商店中，许多公司都采用试验性、适应性流程；同时，与苹果公司合作的制造商，采用的仍是在面临相对可预测的环境时适用的经典战略流程。苹果公司无法单独开发其生态系统中的所有环境，也无法将整个应用商店和其他合作伙伴都作为一家公司的业务部门来管理。但是，苹果可以通过与运行不同战略流程的多家公司合作而获利。

重塑战略职能

同时采用多种战略视角和战略流程，需要重新构想战略部门的作用。作为战略的守护者，战略职能的目标应该是竭力将组织从单一视角转变为多元化视角，培养实施多种战略流程的能力。为此需要采取以下行动：

- 教育企业员工。确保每个人都理解战略多元化的需求，以及实施这些战略所需的流程。
- 用正确的问题定下基调。不同的战略流程由不同的问题来定义：每个问题都暗示了一种不同的思维方式和行动方式，与所选的战略方法和视角相适应。
- 培养必要的能力。选聘、调配和培养能够运用不同战略方法和视角的人才，并提供制定这些战略所需要的工具（包括框架、练习、游戏）。
- 确定适合的战略方法和视角组合。公司战略制定者应监测公司运营的环境，并确定不同情境下最适合的战略视角和战略流程。

- 选择适合的元流程。决定如何同时管理多个战略流程，是战略团队和高级管理人员的一项关键任务。
- 成为变革的推动者。确保公司不固守与其所处环境不匹配的战略流程。
- 有效管理战略。建立一个流程库，指导业务部门或整个公司选择正确的战略视角和执行过程。

已达成上述目标的两家公司是印度汽车制造商马恒达和中国的阿里巴巴。

马恒达自称为一个企业联盟，它将其领导者培养成为"能够敏锐地感知不同部分之间的关系，并使它们协调顺畅的人"。战略团队运营着几种类型的战略"作战室"，研究趋势和挑战、预算问题和运营，利用一个11个问题的框架来挑战和加强业务部门的战略。它根据每个业务部门在市场发展阶段的不同，协调公司内的流程转变。对于面临经典环境的业务部门，战略团队会"深入细致地研究"该部门的计划，而对于更年轻、更具试验性的业务部门，则会强调反馈循环的必要性。

第八章　你的战略流程需要一个战略

正如阿里巴巴参谋部前资深副总裁曾鸣在他的著作中所描述的那样，阿里巴巴的目标是成为一家"自我演化的企业"。"拥抱变化"是阿里巴巴高管团队领导力的核心信条，公司通过在业务部门之间频繁轮岗来培养领导人才。[7] 各业务部门拥有高度的自主权，有能力进行自己的业务试验。阿里巴巴的核心规划流程为此留下了空间：计划是作为起点而非终点写成的，他们允许业务部门的领导者探索新的方向；当需要变革但困难重重时，阿里巴巴仍有能力从高层启动严格执行的程序。公司在成长过程中经历的大量重组就是最好的例证。

即使领导者明白战略制定需要多种不同的战略方法和视角，但在组织中实现这一点也是举步维艰的。公司往往被困于传统的制订计划和执行过程中，这既是一种根深蒂固的思维模式，也是一套集体例行的程序。为了利用企业所处的每一种环境的优势，我们需要积极思考最适合的战略方法和视角，采用最适合的战略流程有效地去实施它们。

马丁·里维斯
Martin Reeves

弗里达·波利
Frida Polli

特帕万·甘德霍克
TejPavan Gandhok

刘易斯·贝克
Lewis Baker

昂·洛唐
Hen Lotan

朱利安·勒格朗
Julien Legrand

[第九章]

你的能力需要战略：因时而化，做对选择

当今企业的竞争环境正日益多样化：从多个维度来看，自 20 世纪 80 年代以来，各企业所处的经营环境迅速扩展，变得更加多元和复杂。① 战略不能搞"一刀切"，要想在当前取得成功，领导者必须懂得如何根据每家企业所处的特定环境来制定和实施战略。

第八章提到了五种截然不同的商业环境，每一种环境都要求企业制定并实施与之相对应的战略方法，这五种战略方法和视角分别是经典型、适应型、愿景型、塑造型和重建型。

确定了合适的战略方法和视角后，组织需要了解执行这一战略所需的关键能力，并掌握识别这些能力的方法。用游戏来衡量和培养技能是实现这一目标的方法之一[1]，该方法由来已久且经济高效[2]。企业可以用专门设计的游戏来评估个体在不同情境下的表现和行为，并借助人工智能与神经科学理论来识别和培养适合各类战略环境的

---

① 这一结论是基于对各公司市值波动和收入增长数据的分析，具体内容请参阅《战略的本质》(Your Strategy Needs a Strategy) 一书的导言。

领导力。

　　为了了解游戏作为驱动方法的效能，并识别在不同环境中最能预测成功的特质，波士顿咨询公司亨德森智库、Pymetrics 公司[①][3] 以及印度商学院的特帕万·甘德霍克教授（本文的作者之一）展开了研究合作。研究者们调查了约 360 位来自不同地区并且背景多元的战略专家，分析了他们的战略技能和神经科学特征。我们发现，不同的认知和情绪特征（也被称为认知神经学度量）能够有效地预测他们在不同商业模拟环境下的成功情况，并且只有少数人能够在所有环境中表现良好。由此可见，成为一名优秀的战略家所需的条件高度依赖具体情境，因此企业必须了解适合各种环境的必要战略技能，培养对应的人才，并采取数据驱动的人才管理和培养方法。

---

① Pymetrics 是一家美国科技公司，专注于利用人工智能和行为科学为企业提供人才招聘和评估解决方案。——编者注

不同环境下对应的认知神经学度量

我们对战略技能以及认知和情绪特征的研究基于两组游戏。在波士顿咨询公司亨德森智库开发的战略游戏[4]中,面对五种类型的商业模拟环境之一,玩家要经营一个虚拟的"柠檬水摊"。玩家的得分取决于他们在每种环境中运用正确技能的能力,例如在经典环境中进行分析和规划,或在适应性环境中进行试验。

我们对认知神经学度量的研究基于Pymetrics公司开发的一系列游戏。在这些游戏中,玩家要接受各种挑战,以测试其潜在的认知或情绪特征。例如,尝试将虚拟气球充气至接近爆点,以测试其风险规避能力。玩家在每个游戏中的行为成为91项认知神经学的评估依据。

利用策略和神经科学游戏评估战略技能

波士顿咨询公司亨德森智库为客户和顾问们开发了一款策略游戏,帮助他们了解各种战略情境以及在其中取得成功所需要的方法。玩家在游戏中与虚拟竞争对手

"布鲁斯·亨德森"竞争，在不同的商业环境中经营柠檬水摊，力求创造出比"布鲁斯"更多的利润。玩家要针对每种情境采用正确的战略方法来获胜。

例如，在适应性环境中，云层会随机出现在人群头顶，然后消散，这导致该区域的人流量减少。因此，玩家需要持续关注不断变化的环境，并相应地调整行动。玩家在所有环境中的行动都会被记录、评分和分析，比如侦察新的营业地点、选择换址的频率以及何时进行扩张等。

Pymetrics公司采用一系列基于神经科学的游戏来测量个体的认知和情绪特征（认知神经学度量），参与者通过玩一系列小游戏来实现评估。使用Pymetrics公司的专有算法追踪和分析玩家的各种行为，比如反应速度或对错次数，以便量化评估玩家的认知神经学度量。

比如，在一个小游戏中，参与者需要使用打气筒给虚拟气球充气，每次充气都可以赚到一些钱，但是如果不停充气，就有可能打爆气球，失去一切。因此，每时每刻，玩家都面临两个选择：终止充气并收获已经赚到的钱，或是冒险继续充气，赚取可能更多的钱。玩家在游戏中的决策反映了他们的风险倾向，而最终的总收入则表明了他们在面对风险情境时的表现。

我们收集了每位玩家在两组游戏中的得分，创建了一个独特的数据集，将战略专家的认知神经学度量和战略技能整合在一起。通过多元回归分析，我们确定了在各种战略环境中与成功最相关的认知神经学度量。我们发现，虽然具备某些特质是拥有卓越战略技能的可靠信号，但有助于成功的特质在不同环境中却大相径庭。接下来，我们将介绍一些最显著的战略家特质，来说明它们如何在不同的战略环境中帮助企业取得成功。后文的图9-2列出了所有具有统计学显著性的特质。

在经典型环境中，最重要的特质包括：

- 注重细节：擅长收集、汇总、可视化展示和详细分析信息。
- 善于规划：擅长制订结构化计划，明确规划实现目标的具体步骤。

• 专注力强：能够过滤干扰，对特定任务全神贯注。

在可预测且稳定的环境中，理想的战略方法是分析业绩的关键驱动因素，而后执行计划来逐一实现。在这种情境下，最出色的战略专家果然能够进行详尽的分析，制订合理的计划，并始终专注于执行。

在适应型环境中，最重要的特质包括：

• 擅长多任务处理：能够同时处理多项任务。

• 快速评估机会：能够迅速评估形势。

• 勇于尝试，不怕犯错：即使面临失败的可能，也愿意尝试不同的行动。

在更难预测的环境中，战略专家必须能够管理各种风险组合。在新机遇出现和相关新信息被披露时，有实力的战略专家会在不断试错的过程中迅速选择并放大那些成功的机会。

在愿景型环境中，最重要的特质包括：

• 记忆力好：擅长回忆过往经历的细节。

• 自信：对自己充满信心。

- 自我批评：经常质疑和重新评估自己的行为。

在可预测和可塑的环境中，战略专家必须构想新的可能性，这可能是基于过往的经验。随后，他们必须成立公司以实现这些愿景。为此他们不仅要有坚持愿景的自信，还要有为实现愿景调整策略的自我批判能力。

在塑造型环境中，最重要的特质包括：
- 互惠：愿意给予，也愿意索取。
- 深思熟虑：有意识、有目的地行动。
- 从容应对不确定性：能够在信息不完整的情况下采取行动和做出决策。

不可预测且可塑的环境需要利益相关者的相互信任和互惠互利。虽然必须慎重而有意识地打造高效生态系统的基础，但生态系统却是有机演化的，这要求战略专家能够从容应对因仅有部分控制权而带来的模糊性。

在重建型环境中，最重要的特质包括：
- 坚韧不拔：能够经受住艰难环境的考验。
- 快速执行：尽快将决策付诸行动。
- 以更大回报为动力：过滤掉低价值的机会。

在恶劣的环境下，战略专家要具备坚韧性，唯此才能在危机中保持专注。要恢复生产能力，往往需要采取大胆而务实的行动，并且行动速度关乎成败。这些特质共同构成了企业在制定和执行战略时所需技能的调色板（见图9-1），在每种不同的环境中，战略专家的最优技能也大不相同。

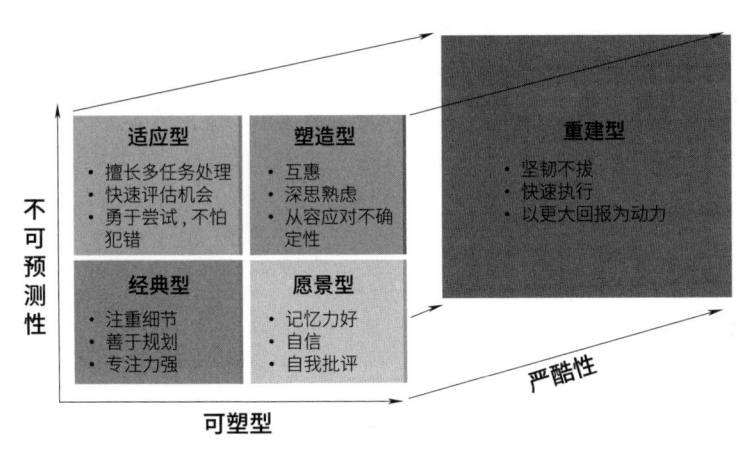

图 9-1　有效制定和执行战略所需的特质

资料来源：波士顿咨询公司亨德森智库、Pymetrics 公司、帕特万·甘德霍克教授收集的数据，以及波士顿咨询公司亨德森智库和 Pymetrics 公司的分析

双元型稀有，但可以有

随着商业世界日益多样化，企业不仅随时面临不断变化的战略环境，而且可能同时面对多种环境。因此，理想的战略专家不仅要有在单一环境中取得成功的技能，还必须能够驾驭多种环境。换言之，他们必须具备双元性。

然而，真正具备双元能力的战略专家凤毛麟角，在我们研究的人群中仅占 2%。①（巧合的是，波士顿咨询公司此前的研究发现，大约有相同比例的公司具备双元性。[5]）企业可能历来将战略专家视为一种单一的类型，但我们的研究结果表明，实际上大多数战略专家都具有不同的特质和优势，从而使他们能够在特定的战略环境中脱颖而出。

对于五种战略环境中的每一种，我们分别分析了在最具双元性的战略专家群体中最为常见的认知神经学度量。不出所料，双元型战略专家的特质汇集了在每种环境中都

---

① 如果个体在五种商业环境中的得分都超过最高分的 80%，那么该个体就被认为具备双元能力。

很重要的品质，包括善于规划、专注力强、勇于尝试、自我批评、深思熟虑和自信（见图9-2）。

特质	经典型	适应型	愿景型	塑造型	重建型	双元型
善于规划	●				●	
专注力强	●	●	●	●		●
注重细节	●		●			
快速评估机会		●				
擅长多任务处理		●				
善于学习		●				
勇于尝试，不怕犯错				●		●
自我批评			●			
互惠			●			
记忆力好			●			
谨慎投资			●			
自信			●		●	●
深思熟虑				●		●
从容应对不确定性				●		
坚韧不拔					●	
快速执行					●	
以更高回报为动力					●	

图9-2 五种战略环境和成功所需特质

资料来源：波士顿咨询公司亨德森智库、Pymetrics公司、帕特万·甘德霍克教授收集的数据，以及波士顿咨询公司亨德森智库和Pymetrics公司的分析

注：对所有环境中重要特征的解释，基于合并数据集。

传统性格测试的局限性

如今，许多组织都使用性格测试来分析个人的偏好、特征和行为，从而评估他们在团队或企业中的适应性。看似合理的是，这些心理特征档案也可被用来评估战略专家的技能和能力与其角色的匹配程度。然而，性格测试与认知神经学度量在所测量的特质和测量方法上存在显著差异：认知神经学度量工具所获得的数据来自对客观行为的测量，而传统的性格测试则是对更高层次现象的自我报告。

为了测试性格特征是否也能用于确定战略技能，我们对参与者进行了两个著名的性格特征量表的评估——大五人格量表和理性经验量表（以下简称 REI 量表）。[1]我们再次使用回归分析来确定每种人格特质与战略游戏的五种环境得分的相关性。

---

[1] 大五人格量表描述了个体对经验的开放性、谨慎性、外向性、宜人性和神经质，REI 量表主要比较个体是依赖直觉还是依赖逻辑。

我们发现，与认知神经学度量不同，大五人格量表和REI量表并不能持续预测战略技能。我们的研究结果表明，在五种环境下的每一种情形中，为了成功做出战略决策并采取行动，认知神经学度量所具备的与生俱来的深度编码性质，就显得更为重要。

战略方法皆可学会，但闻道有先后

如果在每种商业环境中成功所需要的技能是特定的，那么企业能否通过培训战略专家来培养这些能力呢？答案取决于战略技能是否真的可以学会，以及学习的效果如何。为了了解每种战略方法的学习效果，我们测量了参与者在每种环境下重复迭代战略游戏时得分提高的速度。

我们发现，所有战略方法都可以学会，但学习速度却截然不同（见图9-3）。在经典型环境和重建型环境中，取得成功所需的战略技能相对来说学习速度较快：在这些环境中，玩家在前十局游戏中的得分平均提高了15%和

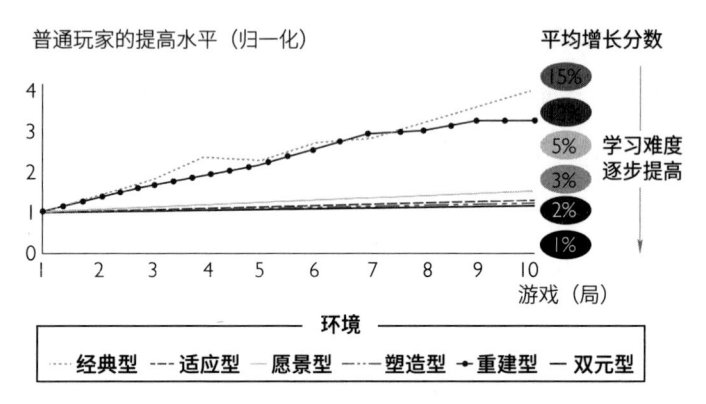

图 9-3　所有方法都可以学会，但学习速度不同

资料来源：波士顿咨询公司亨德森智库、Pymetrics 公司、帕特万·甘德霍克教授收集的数据，以及波士顿咨询公司亨德森智库和 Pymetrics 公司的分析

注：1. 纵轴是根据连续两局之间的平均增长计算的归一化分数。
2."平均增长分数"即平均十局比赛。

13%。相比之下，在愿景型、适应型和塑造型环境中取得成功所需的技能则更具挑战性，很难通过练习来提高。在每种环境下进行的前十局游戏中，双元型的难度最大，平均学习速度大约提高了 1%。

学习速度的差异反映了在不同环境中做决策的内在难度。经典型和重建型环境以一套相对明确的杠杆来推动战略和执行。经典型环境相对稳定，因此可以通过分析以往有效的杠杆来预测未来取胜所需要的杠杆；同样，在重建型环境中，企业在生死存亡之际，最初的关键成功驱动因素就是专注于提高效率，从而尽快恢复生存能力。

相比之下，适应型环境、愿景型环境和塑造型环境则更加开放：在适应型环境中，行动的结果不可预测；在愿景型环境中，市场是可塑的且没有先例可循；而塑造型环境则兼具这两种特征。因此，若要在这些环境中取得成功，学习适合的战略方法相对更加困难。最后，双元型要求能够有效应对所有环境，这增加了更多的复杂性。

公司在培养人才时，需要考虑到有些技能相对更难学习，应将这一因素纳入人才战略的整体考虑。例如，一方面，公司可能会在难以学习的环境中（如塑造型环境）聘用那些拥有成熟技能和经验的人才，因为这些技能不易习得；另一方面，对于那些所需技能更容易学习的环境（如经典型环境），公司可能会顺其自然。

战略能力建设的五个步骤

当企业为适应各种商业环境而对战略和执行过程进行革新时，获取、发展和配置适当的技能组合就变得尤为关键。为了帮助企业取得成功，我们提出了管理战略人才的五步法。

诊断环境

为了确定采用哪种战略方法，企业首先需要了解其运营和竞争环境的性质，特别是环境的不可预测性、可塑性和严酷性，对合适的战略方法以及成功所需的技能有着重大影响。然而，在瞬息万变的商业环境中，领导者不能依赖先例，他们必须不断监测和诊断企业所面临的环境是否发生了变化。

例如，随着外部环境的变化，微软公司调整了对云计算业务的战略方法。正如微软公司首席执行官萨提亚·纳德拉在他关于公司转型的书中所解释的那样，早期云计算市场的发展是难以预测的，因此公司采取了适应型方法，在云计算功能上进行了多次尝试，其中一些取得了成功，如 Azure（微软基于云计算的操作系统），而另一些则失败了。通过那些成功的尝试，微软在日益成熟的云计算市场中占据了更多份额。这使微软很快意识到自己可以层出不穷地塑造市场，因此它采取了塑造型方法，包括围绕云产品建立一个更广泛的生态系统，与谷歌、苹果和 Linux 等竞争对手建立合作伙伴关系，从而有效利用了合作的力量。正如纳德拉所认识到的那样，"如果做对了，合作就能让每个人做大蛋糕"[6]。

针对不同业务部门的不同战略挑战，任用合适的人才

鉴于当下五花八门的商业环境，许多组织在同一时期或不同发展阶段面临着迥异的情况。例如，一家公司在处理传统业务时可能需要采用经典型方法，但在推广最新产品时可能需要采用塑造型方法。由于在不同环境中取得成功需要不同的战略特质，公司应根据业务各部分所需的技能来招聘、留用和重新部署战略专家。

为了有效地做到这一点，组织首先要评估和盘点它的人才库。只有了解员工具备怎样的内在技能（可通过游戏来评估他们的决策特质），企业才能针对不同的战略挑战有效部署员工。相反，如果不了解员工的内在技能，企业就有可能失去把他们的战略专家置于最适配职位的机会，如此，他们可能不具备执行某些必要战略方法的技能。

2009 年，亚马逊以 12 亿美元收购了鞋类和服装在线零售商 Zappos。这家公司的一个团队开发了一套名为"徽章"的系统，[7] 根据员工展示出来的技能授予他们对应的徽章。Zappos 的首席设计师约翰·邦奇说："我们真正要做的是了解组织中的每个人都拥有什么样的技能。"为此公司开发了一个角色市场，在这个市场中，寻找项目的员工可以申请加入那些需要帮手的团队，而团队则利用徽章来确认最适合该项目的员工。通过有效利用员工在各种项目中的技能，Zappos 成功地适应了瞬息万变的市场，在实施该模式的第一年就实现了营业利润同比增长 75%。

保持组织内多样性的技能

我们的研究表明，一个组织几乎不太可能拥有多个能够在任何战略环境中成功的双元型领导者。因此，为了确保在形形色色的战略环境中取得成功，企业需要拥有一个具备不同技能特质的均衡人才库。

史蒂夫·乔布斯时代的苹果公司就是多样化技能结构的一个典型范例。比如，时任首席运营官的蒂姆·库克运用经典型战略技能领导着业务的传统部分，如供应链管理和产品制造。库克自称是"一个工程师，也是一个骨子里善于分析的人"。与此同时，负责互联网软件和服务部门的埃迪·库埃，经营着包括 iCloud（苹果公司给其用户提供的云端服务）和 App Store（苹果应用服务商店）等前景不确定的产品，则以在失败中发现机会且永不言弃而闻名，[8] 这是适应型环境所必需的特质。库埃说："我们必须对自己诚实，我们并不完美，我们还会犯错。"正是通过在各项业务中部署合适的人才，苹果才能够在提高效率的同时不断拓展新的业务增长模式。

拓宽员工技能，以适应其他环境

组织需要建立有效的人才梯队，以确保拥有能在不同环境中取得成功的领导者。波士顿咨询公司此前的研究表明，企业在 BCG 矩阵中的循环周期平均比 20 年前快了两倍（参见第四章）。在商业环境急剧变化的今天，组织需要不断拓宽人才的技能组合。

我们的研究显示，虽然学习速度有所不同，但战略技能确实是可以学习的。这表明适当的发展计划至少对某些战略环境可能产生实质性影响。对公司来说，专门培训未来领导者运用多种战略方法之类的职业发展计划，并不常见。但是，在多样化的商业环境中，双元型领导者越来越有价值，因此公司需要跨越不同环境发展职业道路，而非局限于单一环境中。

实施管理者轮岗计划是促进员工发展广泛技能的方法之一，它让未来领导者在需要不同战略方法的不同业务部门承担责任。例如，阿里巴巴将业务部门领导层的定期变更作为一种制度固定下来。正如其参谋部前资深副总裁曾鸣所写："这项计划不仅有助于进一步培养顶尖人才的技能，还在全公司上下兑现了领导层对组织灵活性的承诺。"[9]

掌握数据驱动的技能测试和发展

为了成功实施人才战略，企业需要客观衡量个人的才干和技能，包括与他们可能尚未经历的战略挑战相关的技能点。采用数据和技术驱动的人才管理方法具有几个优势。首先，它提高了公司人才与情境匹配的能力，确保公司在业务的每个部分都拥有取得成功所需的正确技能。其次，它提高了公司将人才技能与战略挑战相匹配的速度。这一点在当今越来越重要，因为战略挑战的变化发生得越来越频繁。再次，它提供了对整个人才库的弹性评估，使领导者能够从公司的边缘领域识别相应的人才，以弥补技能差距。最后，我们建议使用的策略游戏和认知神经学度量等方法，比主观的人力资源评估或性格测试要准确得多。

在当今世界，"一刀切"的商业战略早已力不从心，企业必须评估、开发和部署不同的技能组合，来适应不同的商业环境。神经科学与战略游戏的结合是实现这一目标更加准确、可扩展、快速、高效且经济的方法。

**EXPANDING
THE BOUNDARIES OF
STRATEGY**

第三部分

PART THREE

拓展战略边界

木村良治
Ryoji Kimura

马丁·里维斯
Martin Reeves

凯文·惠特克
Kevin Whitaker

[第十章]

竞争的新逻辑

现如今，许多商业领袖都是在学习和体验经典竞争模式的过程中成长起来的。大多数大型公司都活跃于边界清晰的行业中，销售着类似的产品，通过追求规模经济、提升效率和质量等能力来获得竞争优势，同时遵循着一套分析周密、规划详尽和执行专注的流程。

然而，传统的战略战术已不再适用于当今世界。在所有行业中，竞争正变得越来越复杂和动态。行业边界越发模糊，产品和公司的生命周期日渐缩短，技术的进步与颠覆迅速改变着行业。经济、政治和竞争的高度不确定性显而易见，并很可能在可预见的未来仍将持续存在。

因此，除了传统的规模优势，企业现在还要应对新的竞争维度，即构建可塑造的环境、适应不确定的形势以及在严酷的环境中生存。为此，它们需要采用全新的视角，而且，此时的赌注比以往任何时候都更大：在过去60年中，顶尖公司与底层公司之间的业绩差距每年都在不断扩大。[1]

---

[1] 基于71个行业、收入5000万美元及以上的美国上市公司中排名前25%的公司与排名后25%的公司之间息税前利润率的平均差异。

今天的商业领袖正在处理短期内复杂的竞争问题，但他们还必须超越当下的局势，更深入地理解什么是未来十年决定成败的根本因素。我们认为，以下五个主题将成为新竞争环境下众多企业关注的焦点（见图10-1）：

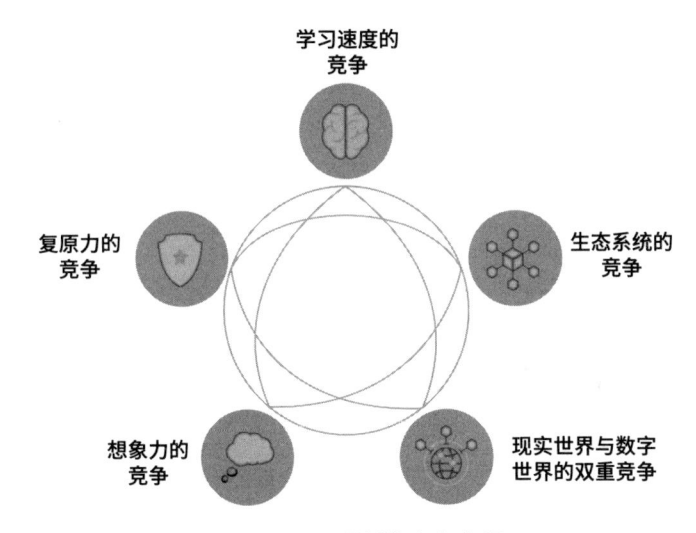

图10-1　五项新的竞争主题
资料来源：波士顿咨询公司亨德森智库

- 提高组织学习的速度；
- 利用多企业的生态系统；

- 现实与数字世界的双重竞争；
- 想象并利用新创意；
- 面对不确定性时的复原力。

简而言之，竞争逻辑早已发生改变，即从一个产品稳定、竞争对手明确的可预测游戏转变为一个复杂、动态、跨越多个维度的游戏。了解这一点并能据此重新调整组织的企业领导者，将最有可能在下一个十年赢得制胜先机！

学习速度的竞争

在商业领域，终身学习素来重要。正如波士顿咨询公司创始人布鲁斯·亨德森50多年前的观察所得[1]，随着经验的积累，企业通常都能以预期的速度降低边际生产成本。但在传统的学习模式中，重要的知识是静态且持久的，比如学习如何更高效地生产某种产品或执行某个流程。未来则需要开发组织的能力进行动态学习，即学习如何做出新生事物，以及利用新技术掌握学习的方法。

如今，人工智能、传感器和数字化平台已经大大增加了学习的机会，但在 21 世纪 20 年代，学习速度的竞争[2]将至关重要。充满动态和不确定性的商业环境要求企业更多地关注发现和适应，而不仅仅是预测和规划。

因此，企业将越来越频繁地使用人工智能并扩大其使用范围，这提高了学习的竞争门槛。这些优势将产生"滚雪球"效应，企业学习速度越快，越能提供更好的产品、吸引更多的客户、积累更多的数据，从而进一步增强其学习的能力。

例如，网飞的算法从该公司的视频流媒体平台获取用户的行为数据，自动为每个用户提供动态的个性化推荐。由此他们提升了产品质量，保留了更多用户在平台上，延长他们停留的时间，于是产生了更多数据，进一步推动了学习循环（见图 10-2）。

然而，学习改进静态流程的传统挑战，与推动整个组织持续学习新事物的新要求是迥然不同的。因此，若想在学习速度的竞争中取得成功，就不能仅仅将人工智能应用

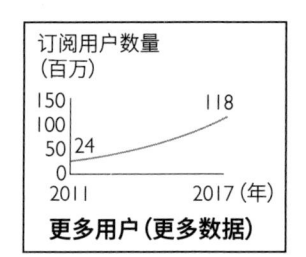

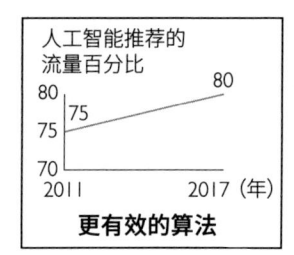

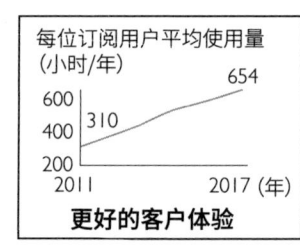

图 10-2　网飞从视频流媒体平台获取用户行为数据，经算法分析后自动为每位用户提供动态的个性化推荐

资料来源：企业报告、《连线》、《商业内幕》和波士顿咨询公司亨德森智库分析

注："人工智能推荐的流量百分比"基于公司新闻和公开新闻报道。

到现有的流程和结构中，恰恰相反，企业还需要进行如下操作。

- 将数字化纳入日常议程，囊括所有与学习相关的技术模式，包括传感器、平台、算法、数据和自动决策。
- 将它们连接并整合在学习架构中，能够以数据发展式的速度学习，而不是受制于较慢的科层式决策。

• 开发新的业务模式，能够创建动态的个性化客户洞察，并据此行动。

生态系统的竞争

经典的竞争模型假设由不同的独立公司生产类似的产品，并在边界明晰的行业内竞争。但是，技术已经大大降低了沟通和交易成本，削弱了科斯（Coasean）的理论逻辑，即"诸多商业活动可以合并到几家垂直整合的公司内部"的理论。[3] 与此同时，行业的不确定性和颠覆性要求单个企业更具适应性，这使得商业环境越来越具有可塑性。企业目前已有机会影响市场的发展以谋求自身的利益，但它们只能通过与其他利益相关者协作才能达成。

在上述力量的推动下，基于生态系统协作的新型产业架构正在兴起，该生态系统是由若干公司构成的、复杂的半流动网络，这些公司挑战了部分传统的商业假设。生态系统模糊了企业的边界，例如，优步和来福车（Lyft）等平台企业在很大程度上依赖"零工经济"的劳动者[4]，它们不是直接雇用员工，而是成为大量临时自由职业者的聚合平台。生态系统还模糊了行业界限，例如，汽车生态系统不仅包括传统供应商[5]，还包括网络连接、软件和云存储供应商。生态系统也模糊了合作者与竞争者的区别，例如，亚马逊虽然与第三方商家是共生关系，但它也通过销售自有品牌与这些商家竞争。

一些数字巨头公司的发展已经证明，成功配置生态系统可以获得超额回报。事实上，世界上许多规模最大、盈利能力最强的公司都是基于生态系统的企业。[1] 例如，阿里巴巴本身并不直接履行大多数职能，而是通过建立平台，将制造商、物流供应商、营销人员和其他相关服务提供商，以及终端用户都连接起来，从而引领中国庞大的电子商务市场。通过将商业活动分散到大型企业或个人群体

---

[1] 2019年年初，全球市值排名前十的公司中有7家利用了多公司生态系统，它们是苹果、亚马逊、微软、Alphabet（字母表公司）、脸书、阿里巴巴和腾讯。

中，阿里巴巴生态系统能迅速适应消费者的需求，并且具有很强的可扩展性，这些特征让阿里巴巴的营收在过去5年实现了44%的年均复合增长。

企业如何打造生态系统的总体范式尚未成熟，但以下几个关键因素正变得越来越清晰。

• 采用完全不同的战略方法和视角，遵循外部导向、一致化的平台、协同演化、涌现和间接货币化等可接受的原则。

• 明确公司在一个或多个生态系统中可能扮演的角色，并认识到不是所有公司都能成为协调者。

• 确保公司不仅为自己，而且为整个生态系统创造价值。

现实世界与数字世界的双重竞争

当下最具价值、增长最快的企业多为年轻的科技公司，它们运营的生态系统大多是数字化的（见图10-3）。但在零售、信息和娱乐等消费服务领域，唾手可得的数字"果

全球市值排名前十的公司的人口统计

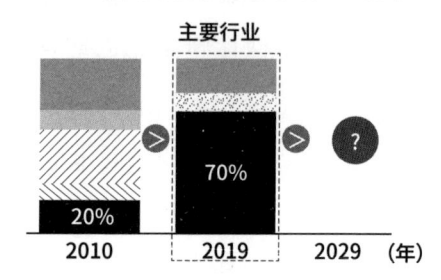

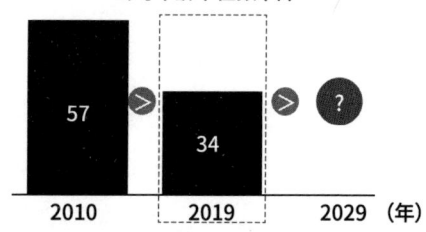

主要行业

20% 2010 → 70% 2019 → ? 2029 （年）

公司年龄中位数(年)

57 2010 → 34 2019 → ? 2029 （年）

■ 金融行业　■ 材料行业　▨ 日用消费品行业
▨ 医疗保健行业　▨ 能源行业　■ 技术行业

图 10-3　当今最有价值、增长最快的企业中，年轻科技企业占了很大比例
资料来源：S&P Capital IQ；波士顿咨询公司亨德森智库
注：1. 图中数据按公司的年初市值来计算。
2. "主要行业"基于全球行业分类标准（GICS）进行分类；技术行业包括信息技术、通信服务、互联网服务和零售。
3. "公司年龄中位数"是从公司成立年份开始计算的。

实"似乎已被摘走。随着人工智能和物联网的快速发展和渗透，新机遇可能越来越多地来自现实世界的数字化。这将频繁推动科技公司进入那些仍由老牌公司主导的领域，如 B2B（企业对企业）和拥有长期专用资产的企业。

现实世界与数字世界交点处的"混合"竞争[6]已初露端倪。数字"巨头"正在进军实体行业，例如，亚马逊除了收购了全食，还开设了新的零售店；谷歌则通过其子公司 Waymo（研发自动驾驶汽车的公司）进军汽车和交通运输领域。与此同时，老牌企业也在大力推进数字化，例如，约翰迪尔公司斥巨资投入物联网技术，为其拖拉机和其他设备增添了联网的传感器。他们从每台机器中收集并分析数据，利用所得信息更新设备或向用户提供建议。迪尔智能解决方案集团高级副总裁约翰·斯通说："在我们的规划中，机器学习和人工智能将随着时间的推移逐步融入约翰迪尔的每台设备。"[7]

以上趋势表明，年轻的数字原住民与传统实体企业之间将展开新的较量。在过去十年中，后起之秀纯粹以数字模式就颠覆了许多传统企业的领导地位，但今非昔比，下一轮竞争可能更加均衡。科技公司将风光不再，未来十年它们将不得不应对用户信任、数据隐私和政策监管等棘手问题，在混合竞争的背景中，这些问题可能会变得越发重要。然而，传统企业仍将不得不与内部的制度惰性和长期的被颠覆的可能性做斗争[8]，但它们也能更好地利用现实世界中的既有关系和专业知识。因此，未来商业的"自然选择"浪潮将同时考验数字原住民和传统企业，任何一方都有可能成为赢家。

那么要想在混合竞争中取得成功，哪些因素具有决定性呢？企业需要做到以下几点。

• 与生态系统双边的参与者，即客户和供应商，建立牢固的关系。

• 重新思考现有的商业模式，以赢得新的混合市场。

• 采用有效的数据和算法管理，强化客户信任。

想象力的竞争

依赖现有商业模式取得成功已难以为继。许多经济体的长期经济增长率已经下降，而统计数据表明这一趋势仍将持续。随着时间的推移，企业竞争的成功法则不再一劳永逸。[9] 市场的可塑性越来越强，增加了创新的潜在回报。因此，产生新创意的能力比以往任何时候都更为重要。

然而，对许多企业而言，产生新创意是极具挑战性的。随着企业年龄和规模的增长，惰性也在增强，更加不易产生创造性的新想法：历史越悠久、规模越大的公司，活力就越弱，普遍缺少可持续发展和重塑的能力（见图 10-4）。[10] 商业世界和管理理论强调一种"机械"观点，以效率和财务数据等定量指标来度量企业的发展，而不是关注如何产生新的创意。

若要克服上述挑战，企业需要在想象力方面大做文章。想象力是创新的源泉：要实现新的可能性，我们首先需要灵感（以不同的方式看待事物的理由），然后需要想象力（识别当下不存在但有可能成为现实的能力）。想象力是人类独有的能力，而如今人工智能只能理解现有数据的相关模式。随着自动化机器能够参与越来越多的日常工作，管理者个人则需要专注于想象力，才能维持其自身价值并发挥作用。

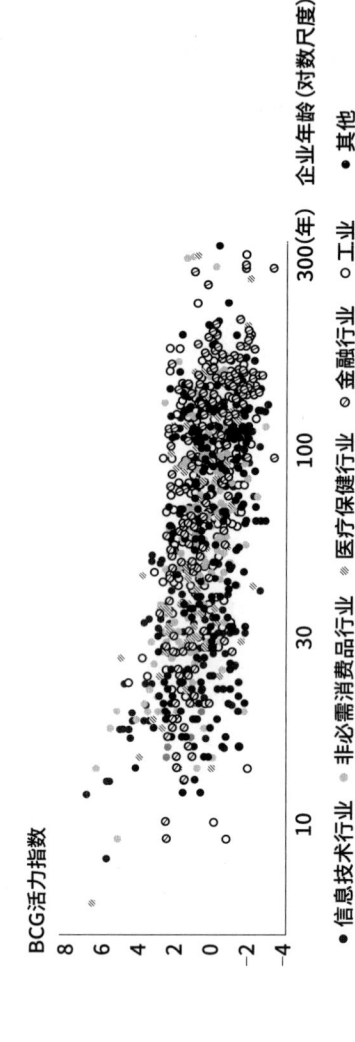

图10-4 老牌大型企业的活力较弱，可持续发展与重塑的能力不足

资料来源：波士顿咨询公司亨德森智库分析

注：1. 图中显示了全球1083家企业（截至2017年年底，收入超过100亿美元或市值超过200亿美元的企业，但不包括新能源、金属采矿以及通用化学品行业）。
2. "BCG活力指数"基于预测未来长期发展能力的18个指标，参阅波士顿咨询公司于2018年发布的文章：《全球视角下的企业活力格局》(The Global Landscape of Corporate Vitality)。
3. "企业年龄"从公司成立的年份开始计算。

企业如何在想象力方面展开竞争？

• 专注于异常情况、偶然事件和类比推理，而不是常规事件，以激发灵感。

• 促进思想的公开传播和竞争，例如弱化等级制度，授权员工进行试验和提出富有想象力的建议。

• 成为一家"会玩的公司"，能够游刃有余地探索新的可能性。

复原力的竞争

高度不确定性充斥在世界的方方面面。[11] 技术变革正在颠覆企业，并带来了新的社会、政治和生态问题。经济制度受到社会分歧和政治僵局的威胁，社会越来越多地质疑经济增长的包容性和工作的未来，而气候变化等全球性风险比以往任何时候都更加突出。此外，根深蒂固的结构性力量表明，不确定性的提升很可能会持续下去：技术进步不会放缓；中国作为经济大国将持续崛起；人口趋势指向一个低增长时代，并将进一步加剧社会的张力；社会两极分化将继续挑战政府有效应对国家或全球风险的能力（见图10-5）。

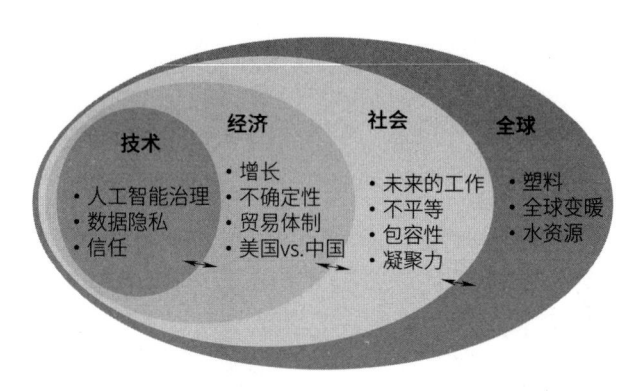

图10-5　高度不确定性充斥在世界的方方面面
资料来源：波士顿咨询公司亨德森智库

在如此背景下，预测和规划可能成为纸上谈兵。商业领袖需要考虑更广阔的视角，包括经济、社会、政治和生态等多个维度，确保企业能承受意料之外的冲击且经久不衰。换言之，企业需要在复原力方面进行有效竞争。

对许多企业而言，当下的生存已是一个巨大的挑战。[12]

创建复原力往往与效率、短期财务最大化等传统管理目标相悖。但是，要想在不确定的环境中持续健康成长，企业必须将复原力明确列为优先事项。

• 为各种情景做好准备，确保战略稳健、风险可承受。

• 建立一个能够迅速响应新情境的适应性组织，例如，通过持续试验来确定新的选择。

• 积极参与集体行动，应对全球经济和社会面临的重大问题，以维持经营的社会合法性。

规模的新含义

新的竞争形式高度交织缠绕，错综复杂。例如，协调生态系统的企业在学习速度的竞争中占据优势，因为生态系统提供了丰富的实时数据，且数字平台有助于开展试验。许多企业将利用混合生态系统中的合作伙伴关系来整合实体和数字资产。机器学习和自主行动将提高人类对想象力的需求和能力。这些转变将共同为企业带来更多的不可预测性，因此必须制定复原力战略。

  这五个新兴的竞争角度指出了"规模"的新逻辑。规模不再仅代表带来成本领先和产品稳定性持续优化的传统价值，取而代之的是，新概念下的规模将在多个维度创造价值：企业能够生成和获取相关数据的规模，从数据中汲取知识的规模，分散失败风险的试验规模，协作生态系统的规模和价值，企业产生新创意的规模，以及缓冲意外冲击风险的复原力规模。

马丁·里维斯
Martin Reeves

木村良治
Ryoji Kimura

杉田弘明
Hiroaki Sugita

索米特·南达
Saumeet Nanda

詹姆斯·裕治·格罗夫纳
James Yuji Grosvenor

[第十一章]

来自渐变的挑战

新冠疫情给全球各地的企业和经济带来了前所未有的破坏，迫使企业加速应对。甚至在疫情暴发之前，全球商业环境的变化速度就已经比以往任何时候都更快了，业绩赶超的速度也在节节攀升。[1] 因此，商业领袖理所当然地将关注点聚焦于提高组织的敏捷性上。

然而，当企业在为那些迅猛而难以预见的变化忧心忡忡时，还有许多重要却缓慢的变化需要面对。这些变化发生在社会、政治和生态领域，包括气候变化的影响、日益加剧的不平等现状、中国作为超级经济大国的崛起、非洲的发展以及越发重要的人工智能。从长远来看，这些缓慢的变化都可能对企业产生重大而深远的影响。甚至仅新冠疫情暴发这一件事，就带来了一系列渐变的挑战，例如在后疫情时代仍将持续的消费行为和态度转变。[2]

换言之，企业需要在多个时间尺度上思考和运作[3]——既要更快，也要更慢。但是，驾驭渐变的手段并非显而易见。虽然那些渐变的现象已被充分理解并且被准确预测（比如人口结构的变化），但就企业而言，驾驭它们仍然充满挑战。为什么企业在为渐变做准备时会踌躇不前？那些成功应对渐变的企业又有哪些独特的做法？我们通过研究企业如何应对人口结构的变化，以期探究上述问题的答案。

人口老龄化：经济增长的慢性毒药

世界上几乎所有国家的生育率都在下降，因此，全球人口增长放缓，一些国家（包括德国、意大利、日本和葡萄牙）已经经历了人口减少。生育率下降加上预期寿命延长，共同导致了人口老龄化。世界人口的年龄分布正从金字塔形向矩形发展（见图11-1）。虽然这一趋势在全世界范围内都很明显，但在较富裕的发达国家开始得更早，这些国家已然在经历人口老龄化对经济增长的影响。

从长期来看，经济增长主要有两个因素驱动：劳动力增长和劳动生产率增长。从1960年到2010年，劳动力增长的影响约占美国经济增长的30%。然而，二战后"婴儿潮"一代的退休以及随后的生育率下降，抑制了劳动力的增长，这对经济增长的影响已经显现。根据牛津经济研究

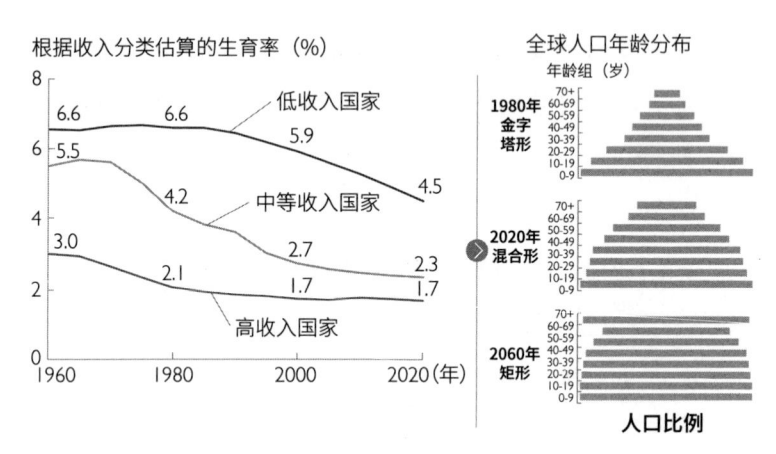

图 11-1 世界人口的年龄分布正从金字塔形变为矩形

资料来源：联合国经济和社会事务部人口司，波士顿咨询公司亨德森智库分析

注：收入状况的分类基于联合国的数据。

院（Oxford Economics）的数据，近 20 年来，平均 GDP 增长率已从 2007 年之前的超过 3% 降至 2018 年的 2.2%，预计未来 20 年将稳定在 1.75%~2% 这一区间。同样的故事正在全球所有主要经济体中，以不同的速度、不同的时间框架在上演。

经济学家预测，未来 30 年，全球 GDP 增长率将从 2018 年的约 3.6% 稳步下降至 2.4%（见图 11-2）。经济增

全球GDP主要贡献者的增长（%）

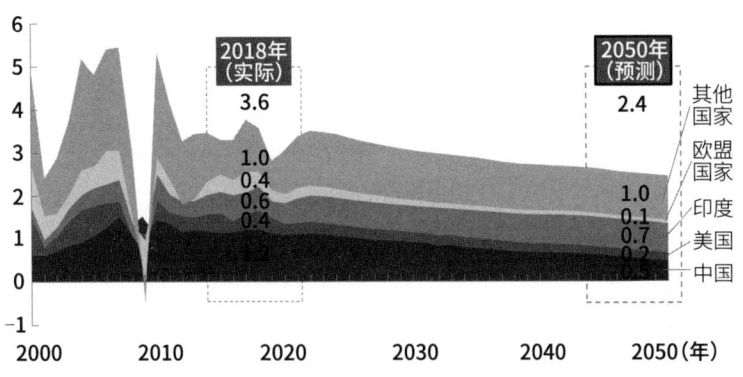

图 11-2　经济学家预测全球 GDP 增长将稳步下降
资料来源：牛津经济研究院，波士顿咨询公司亨德森智库的分析
注：实际 GDP 增长和预测已按购买力平价调整。截至 2019 年的 GDP 预测不考虑新冠疫情的影响。自新冠疫情暴发以来，对短期 GDP 的预测一直被进一步压低。

长的长期下滑可能会导致股东回报率长期下降，尽管过去十年市场回报屡创新高。发达经济体中，高市场回报率与低迷的经济增长之间的脱节，是由暂时性因素驱动的，比如增加的债务和低利率促进了市盈率的增长，但这种情况不可能永远持续下去。人口因素已经导致中国等主要增长市场的 GDP 增速下降，虽然中国已帮助许多公司弥补了国内增长乏力的影响，但随着保护主义在全球范围内抬头，这种市场超额收益在未来不太可能再现。然而，投资者的预期往往深受过往业绩的影响，在中短期内这种期待可能还会继续保持较高水平，但最终一定会下降。因此，企业领导者在一个即将到来的低增长经济环境中找到正确的增长战略，是至关重要的。

日本：适应人口老龄化的测试案例

日本的生育率下降和社会老龄化比其他发达经济体提前了 10~20 年，这对社会劳动力和消费都产生了影响。过去 20 年来，日本的劳动力和消费几乎都停滞不前（见图 11-3），这导致了日本企业长期低增长和低回报的局面。

日本的企业和政策制定者很早就意识到人口结构即将带来的压力及其可能产生的影响。日本内阁官房在 1999 年做出的 50 年人口预测，迄今准确率已超过 99%。1996 年，桥本龙太郎在担任首相后的首次新闻发布会上就指出，人口结构变化是对日本经济的最大威胁："……仅从人口结构

日本总体人口下降而老龄人口增长

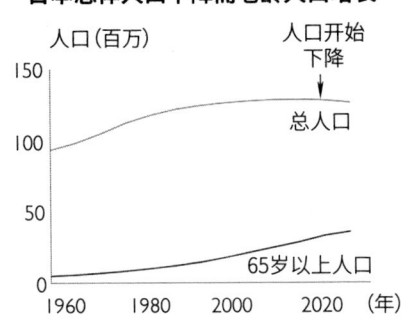

日本老龄化趋势先于其他发达经济体10~20年

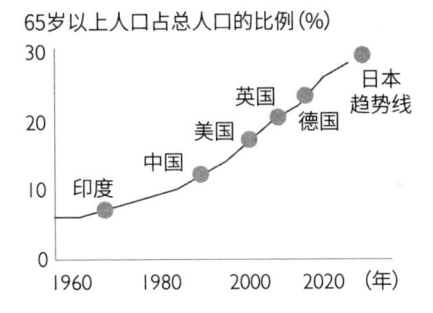

图 11-3　过去 20 年，日本的劳动力和消费基本处于停滞状态
资料来源：联合国经济和社会事务部人口司，波士顿咨询公司亨德森智库分析
注：图中●描绘了当日本达到 2020 年老龄化水平时其他国家的情况。

变化这一点来看，我们就必须改革国家体制，否则，国家停摆就会成为现实。"

第十一章　来自渐变的挑战

企业应对人口结构导致经济增长放缓的基本策略主要集中于两个核心事实：消费停滞和劳动力短缺。

在需求方面，日本企业有两个选择方向：一是通过进军高增长的国际市场来规避国内消费低迷的局面；二是重新专注于国内市场的特定细分市场，即能从人口结构转变中实际获益的特定领域。纸尿裤、个人卫生和家庭清洁用品制造商尤妮佳（Unicharm）就是一个完美的例子，该公司将这两种战略都作为其增长计划的基石。尤妮佳在2001年年度报告中宣布，他们瞄准了两个商机：在亚洲市场和日本成人失禁用品领域同时发展业务。

早在1984年，尤妮佳就预见到了日本经济增长放缓的趋势，它通过合资企业进入中国台湾市场，借此向海外市场扩张。在20世纪80年代末和90年代，尤妮佳在多个亚洲市场建立了业务，且在21世纪初大幅加速了在亚洲的业务扩张，在泰国、印度尼西亚和越南等快速增长的市场中确立了自己作为主要产品领域的市场领导者地位。颇为可观的是，海外市场如今已占该公司总收入的60%。无独有偶，其他公司也采用了这种简单可行的战略。1995年至2018年期间，在实现股东年回报率超过 10% 的 14 家日本高市值公司中，有 12 家公司 40% 以上的收入来自海外市场。与这些先行者形成反差的是，虽然在 20 世纪 90 年代面临着消费增长下滑的挑战，但大多数日本公司并未积极开拓海外市场。直至 2002 年，仅有 13% 的日本上市公司拥有来自海外的收入，至 2018 年，这一数字几乎增长了两倍，达到 38%。

虽然消费总体停滞不前，但日本国内还存在一些特定领域的消费增长。日本的纸尿裤市场就是一个典型例子。虽然成人纸尿裤仅占全球纸尿裤市场的 15%，但在日本纸尿裤市场却占到 50% 以上，显然，这受到了日本人口老龄化的推动。尤妮佳很早就意识到这一市场的潜力，在 1987 年就推出了首个成人纸尿裤品牌。对有严重失禁问题的消费者来说，成人纸尿裤是必需品，但那些有轻微失禁问题的潜在消费者，却往往由于缺乏对产品的了解和使用纸尿裤带来的社会羞耻感而拒绝购买。对此，尤妮佳通过积极教育消费者来拓展市场，他们推出了针对三种不同失禁程度的消费者而设计的差异化产品线。截至 2018 年，尤妮佳已成为市场领导者，在成人纸尿裤市场所占份额超过 50%。宝洁作为全球纸尿裤市场的领导者，并未关注这个高增长的细分领域，也未能占据重要市场地位，因此，宝洁于 2007 年退出了日本成人失禁用品的市场。

在供给方面，为了应对本地高工资和劳动力市场紧张的问题，利用外国现成的低成本劳动力成为 20 世纪 80 年代讨论颇多的潜在战略。虽然很多日本制造商开始在低成本经济体建立生产设施，但他们在将生产线大规模转移到海外时仍非常谨慎。到 1992 年，通用汽车公司和 IBM 公司分别将 40% 和 46% 的生产线转移到了美国以外的国家或地区，而丰田公司和日立公司分别只有 20% 和 8% 的生产线转移到海外。虽然到 2005 年，当时有 63% 的日本制造商在国外建立了生产基地，但其中也只有 20% 的生产线转移到海外。这导致日本出现了 250 万个职位空缺，且这个数字还在以每年 6% 的速度增长。

人口老龄化不仅导致劳动力短缺，还改变了劳动力年龄结构的变化。如前所述，全球人口结构正在从金字塔形向矩形转变（见图 11-4），然而，科层制组织结构仍然以金字塔形为主，这就造成了初级岗位的年轻劳动者短缺，

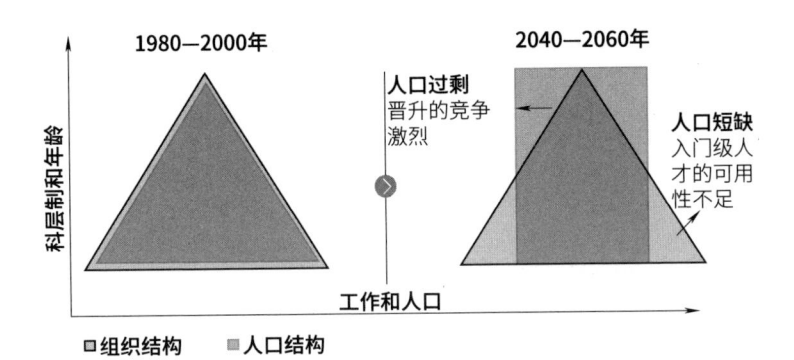

图 11-4　科层制组织结构在很大程度上仍呈金字塔形，这导致初级岗位缺乏年轻劳动者，而年长劳动者过剩
资料来源：波士顿咨询公司亨德森智库分析

而年长劳动者过剩，还导致了年轻人才的竞争愈演愈烈，因为获得高级管理职位的前景有限。虽然很少有公司真正尝试解决这一挑战，但也有一些成功案例，如零售巨头永旺集团和家具零售商宜得利家居等公司。它们通过使用工具简化体力劳动、提供休息场所等特殊设施，使老年劳动者更容易从事非管理类工作。还有一些公司正在摒弃传统僵化的科层制组织结构，提供更加灵活的职业发展路径。例如，SB技术公司（SB Technology）引入了跳级制度，韩国软件公司连我（Line）则选择根据技术专长为其工程

师提供差异化薪酬。然而，在众多组织结构未发生显著改变的公司内，这样的例子寥寥无几。

企业为何无法适应缓慢的变化？

这引出一个核心问题：为什么大多数企业无法适应缓慢的变化？三种类型的组织管理失败会削弱企业应对此类渐变的能力。

看不清

在评估未来选择时，我们使用贴现率将未来结果调整为现值，以便对其进行比较并做出战略选择。在某些情境下，个人和组织倾向于应用双曲线贴现。这是一种贴现率随着时间推移而增加的现象。现在清晰，未来却是模糊的，因此企业会有一种以牺牲未来为代价来最大化当前利益的偏见。缓慢的变化可能会产生重大的长期影响，但未来的场景可能很难预测或想象，这让许多企业领袖专注于优化当前的商业模式，而不是想象新的模式。例如在 2007 年，宝洁公司将成人失禁用品视为一个利基市场，仅在日本独特的市场结构中具有重要意义。因此，宝洁出售了其在日本的成人纸尿裤品牌，从而专注于更具有全球吸引力的产品。但宝洁未能预见到成人失禁用品市场在日本以及欧洲和北美洲迅速老龄化的经济体中的潜力，数年后不得不改变策略。2014 年，宝洁公司推出了新的成人纸尿裤品牌，以免错失在美国日益增长的市场。

  缓慢的变化可能会给人们一种错觉，似乎还有充足的时间去应对。然而，这种时间错觉是危险的，因为应对渐变可能需要立即进行长期投资。例如，进入海外市场是一项昂贵且耗时的战略。在 20 世纪 70 年代和 80 年代的高速增长期，许多日本公司推迟了向海外扩张的进程，结果，在 80 年代末出现经济衰退后，它们又忙于在国内市场救火，错失了海外的机遇。

  值得注意的是，日本的例子所涉及的是可预测性非常高的长期变化中的异常情况。这里讨论的挑战在于更不可预测的现象会进一步加剧，比如服务机器人的兴起和气候变化带

第十一章 来自渐变的挑战

来的影响。不确定性会进一步阻碍对未来的想象和准备。

不关心

造成双曲线贴现的另一个关键因素是企业领导者的激励结构。由于市场压力和职业晋升周期的原因，企业领导者大多聚焦在1~5年内取得成功。渐变本质上对短期时间尺度的影响较小，所以它们很容易被忽视，特别是如果应对这些变化的战略涉及重大投资，却不会立即给领导者带来回报或惩罚，反而会影响到他们的继任者。许多企业都有战略沙盘推演，但如果这意味着从稳赚不赔的现有业务中抽走资金，则很难对未来的可能性采取切实的应对措施，以短期财务指标为基础的公司更是如此。

不行动

由于组织惰性，成熟和成功的组织往往有一种沿着当前轨迹继续发展的趋势。麻省理工学院斯隆管理学院教授唐纳德·萨尔指出，组织惰性源于企业无力改变其惯例、关系、价值观，以及最重要的战略框架，即关于"决定管理者如何看待和思考其业务"的一系列假设。

虽然日本企业在海外开设了工厂，却未能充分利用海外的生产线，这应归咎于其组织惰性。与国内供应商建立的关系和流程，与员工和本地社区建立的关系，阻碍了企业缩小在本土的工厂规模，尽管利弊已一目了然。错误的执念，例如认为在海外无法实现精密或高质量的制造，只会强化这种惰性。

在极端情况下，企业最终会积极强化那些合理化固守现状的叙事。鸵鸟效应加剧了这一现象，这是一种偏见，即不接受或不承认可能指向未来相反观点的信息。

如何避免此类失败

企业可以采取五项措施，以确保它们充分应对渐变。

可视化

对未来的清晰可视化和对选项的定量探索有助于消除

双曲线贴现[4]（见"可视化力量的示例"）。在无法清晰预测未来的情况下，情境分析是一个非常有用的工具，可用于研究多种可能的未来及其后续影响。

可视化力量的示例

一个经典的双曲线贴现实验要求参与者在今天获得50美元和一年后获得70美元之间做出选择。科学家随后做了另一个实验，更明确地阐述了相同的选择：今天获得50美元且一年后获得0美元，或者今天获得0美元而一年后获得70美元。结果显示，在更明确的阐述下，选择延迟奖励的参与者显著增多。而当被要求在今天收到50美元和在未来某个不明确时间的70美元之间做出选择时，选择延迟选项的参与者最少。

重要的是，不仅要可视化未来的环境，还要预测竞争对手的可能反应。尤妮佳的分析结果准确预测了日本即将显现的经济增长放缓和其他亚洲市场的消费繁荣，但它也预见到全球快速消费品巨头会参与竞争，因为这些巨头公司也会基于类似的分析采取行动。考虑到这些公司可能会把重点放在中国和印度等最大的市场，尤妮佳在早期就决定大力投资印度尼西亚、泰国和越南等相对较小但高增长的市场，以获得市场领先地位。

梳理激励机制

任何长期战略的成功都离不开领导层的愿景和承诺，因此，企业领导者对企业的长远未来有所投入至关重要。尤妮佳创始人高原庆一朗之子高原豪久于1991年加入公司，在2001年成为总裁之前担任过多个管理职位。他在公司的丰富履历和长期领导者经验造就了他高瞻远瞩的领导风格，并使他能够专注于寻找下一个企业长期增长点。

虽然尤妮佳是一家上市公司，然而它的家族企业属性强化了企业的长远布局。我们的研究发现，家族企业倾向于采取更加审慎和长远的视角，可能因为对它们来说，市场压力会被长期激励所平衡。

创造紧迫感

缓慢的变化往往不被视为紧急情况,这加剧了组织惰性,因此,营造紧迫感是必要的良方。1999年,亚马逊创始人兼首席执行官杰夫·贝索斯召集旗下300名员工开会,宣布亚马逊正在走向衰亡。这让员工们大吃一惊,因为他们刚刚见证了公司取得了惊人增长。贝索斯认为,商品和服务的数字化是一种缓慢的变化,将在未来几十年对公司业务产生巨大影响,而当时对亚马逊销售额做出最大贡献的图书、音乐和视频则很容易被数字化。贝索斯创造了一种紧迫感:既要实现数字化,又要迅速扩展产品类别来实现多元化发展。亚马逊最终成为这三个核心产品类别的颠覆者,它在10年后推出了Kindle生态系统、亚马逊Prime会员音乐和亚马逊Prime会员视频,多元化的发展降低了它的转型风险。

除了情境规划,对渐变的紧迫性还可能由其他两个来源触发:竞争对手的行动威胁和客户需求的转变。尤妮佳之所以急于进入印度尼西亚、泰国和越南市场,就是担心会输给宝洁等全球巨头,同时由于国内消费者对婴儿和儿童护理产品的需求下降，尤妮佳由此将发展重心置于扩展成人失禁用品市场上。

利用上述两种恐惧来源[5]，可以推动企业及时采取行动。"独行侠"扫描包括评估风险投资基金和市场中或相邻市场中的颠覆者所做的投资。在这项演练中，你需要了解这些"独行侠"对你的商业模式所下赌注的本质，以及如果这些赌注是正确的，会对你产生什么后果。这有助于你了解这些赌注奏效的条件，思考在这种情境下你的最佳策略。虽然大多数特立独行的战略都是有风险的，但提高对它们何时生效的预测能力，将帮助你及时进行自我颠覆或建立防御。

另一个有用的演练是了解那些新兴细分市场的客户，他们并非企业核心产品的直接目标。此类演练的目的是制定一个战略以应对这样一种情境：这个特定客户群体是你必须迎合的唯一市场。例如，成人纸尿裤曾被视为一种针对有严重失禁问题用户的小众保健产品，然而通过了解患有轻微失禁问题的用户，尤妮佳能够设想、建立并引领一个新的、有吸引力的细分市场。来自新的、潜在的或现有用户的新信号，可以比内部变革倡导者更加有效地提高组织内部的紧迫感。

投入资源

缓慢的变化通常众所周知。如今，大多数企业都设有气候行动小组，大多数领导团队都意识到年老者市场的增长、人工智能的崛起以及社会健康意识的增强，然而，只有少数企业已经采取真刀真枪的实际行动来应对这些趋势。许多日本公司无法像尤妮佳那样行动的一个关键原因是，它们不愿意将资源从现有的成功业务中转移出去。

在宣布进军亚洲市场后，尤妮佳为取得成功投入了必要的资源。公司派遣了一些资深高管领导海外业务，其中包括作为公司五大领导人之一的销售总监，担任中国业务负责人，派销售副总监去领导印度尼西亚业务。尤妮佳大举投资收购当地公司，以在新市场建立销售网络，占据市场份额。公司的研发资源集中为每个新的海外市场定制低成本产品。制造基地转移到低成本经济体，供应链总部也从东京迁至上海，以支持亚洲市场。值得注意的是，这些投资都是以减少对日本本土市场的资源分配为代价的，而日本市场在 2000 年仍贡献了该公司收入的 85% 以上。从那时起，尤妮佳的营收每年增长约 9%，其中近 75% 的增长来自海外市场，目前海外市场约占尤妮佳总收入的 60%。

培养行为偏好

过度依赖现有竞争优势的企业很难自我改变，而倾向于尝试和探索新可能性的企业往往组织惰性较少。亚马逊之所以能够响应杰夫·贝索斯的紧迫感号召，真正的原因是该组织始终处于运动状态，即贝索斯倡导的著名的"第一天心态"。无论是通过渐进式变革（例如增加新的产品类别和自动化仓库），还是跃升式变革（例如增加新的垂直领域，如亚马逊云计算服务和 Kindle），亚马逊始终在变革，因此从未陷入固定模式的舒适区。正如贝索斯所说："第二天就是停滞，然后是无关紧要，接着是痛苦不堪的衰退，最后是死亡。这就是为什么永远要在第一天。"企业的这种活力[6]对于应对快速变化至关重要，它能让企业更有能力去推进应对渐变的战略。

在这个瞬息万变、由技术驱动的世界，领导者需要适应更快的变革步伐，也必须关注渐变带来的重大挑战和机遇。企业需要成为多重时钟速度的组织。

波士顿咨询公司亨德森智库
BCG Henderson Institute

[第十二章]

制定多时间尺度战略

当下的企业与社会，正在越来越多地面对跨越多时间尺度进行战略规划的挑战。人工智能的发展令人们以秒或毫秒为单位采取行动成为可能，也让数十年来积累的社会和环境问题变得更加紧迫。因此，相关的时间尺度正在向"既更快，也更慢"的两个方向扩展，这使得跨时间尺度管理需要权衡的挑战变得越发关键。

传统的战略工具似乎无力应对这一挑战。在以往，企业只需要考虑在固定时间尺度上运作的一小部分问题，然而，随着相关时间尺度不断扩展，企业也被期待承担更多的社会责任，这意味着传统方法已不再适用，我们亟须新的战略方法和视角。

许多领域的各类现象都反映出一个共通的问题，即如何在不同时间尺度上权衡利弊、平衡运作。这些不同的现象及其针对这些现象制订的解决方案，有助于我们更清楚地理解问题的本质，了解更成功的方法包含哪些潜在要素。

在综合不同领域、不同视角的见解后，我们确定了多时间尺度战略需要解决的两个基本问题，以及可以指导我们制订解决方案的一套通用原则。

第一，不同的时间尺度往往相互交织。在一个时间尺度上发生的事情会影响到其他时间尺度上所能做的事。此外，长期现象通常存在很多变数，因此，多时间尺度问题通常不能拆分为单一时间尺度去独立解决。若要全面解决多时间尺度问题，有以下一些新兴策略：

- 欣然接受矛盾。
- 利用简单规则获得"还不错"的结果。
- 设计决策架构，促进对不同时间尺度的平衡性关注。
- 描绘并了解你所处的更大系统的动态。
- 采用适应性战略。
- 以渐进式承诺做出决策。

第二，长期问题通常是集体问题。企业面临的许多长期挑战是无法单靠一个组织就能解决的，比如保持自然环境或经济环境的可持续性，这就需要跨组织的合作与协同。解决这一问题的新兴战略包括：

- 认识到"囚徒困境"并非不可避免，集体行动问题可以变成协调博弈。

- 为实现长期目标创建更好的进度指标。
- 利用金融市场阐明和强化现有的信念。
- 清晰描绘引人入胜的目标和叙事。
- 采用自下而上的方法。

为什么在多时间尺度上制定战略越来越重要？

环境和社会发展趋势正在拓展社会的范围，同时带来新的挑战。例如，传统的城市设计是为了提供便利和基础设施，但气候变化及其影响让规划者不得不考虑更多因素，比如应对未来的洪涝灾害等，所以许多高风险地区开始重新考虑其发展方式以应对这些风险。[1] 然而，对于风险及其解决方案，人们并未达成共识，毕竟降低风险的收益通常要在几十年后才能实现，但其成本却要在当下承担。因此，各个城市采取的行动往往大相径庭。无独有偶，2021 年美国得克萨斯州的极端天气导致的停电事件就曾引发激烈的讨论：是否以及如何在得州和其他地区投资建设防风雨的电网设施，都意味着要在当下承担成本。

许多企业也在着力应对挑战，像"防风雨"一样抵御组织未来的风险。新冠疫情凸显了不可预测的冲击带来的影响，以及企业复原力的长期价值。企业不断增加投入，对诸如碳减排等紧迫的社会问题采取行动。但是，这些行动未来的收益仍是不确定的，还有可能与短期目标相悖。

此类问题都可以归结为同一类挑战：如何在多时间尺度上制定战略。企业和社会要应对在不同时间尺度（从短期到长期）上存在的现象，这往往意味着权衡和取舍。针对一个时间尺度采取的行动可能会削弱另一个时间尺度的有效行动，例如，在那些地理特征上比较脆弱的地区进行开发或许符合短期利益，但可能会增加洪水的潜在长期损害。针对一种时间尺度进行优化的系统可能对另一种时间尺度无效，例如，一家致力于在短期内实现效率最大化的公司可能难以抵御长期风险。用于应对一种现象投入的资源则无法用于另一种现象，例如，投资碳减排可能会降低企业投资开发新产品的能力。

一直以来，企业和社会不得不进行跨时间尺度管理，但今天这一挑战变得更加重要和复杂。几十年的社会和环境问题曾经可以被视为短期内不变的因素供日后考虑，但诸如气候变化、许多国家内部的不平等现象加剧、生物多样性下降等变化已经发展到与当前息息相关的地步。秒或毫秒级的极短时间尺度曾一度被认为无关紧要，但人工智能和数字平台速度的加快以及覆盖范围的扩大，使这些变化成为令人瞩目的焦点。

传统的企业战略所考虑的问题范围相对较窄，如客户需求、运营模式的有效性和竞争优势，考虑的时间尺度范围（最典型的是年度规划过程）、利益相关者（客户、员工、竞争对手[①]）数量也有限。当环境变化缓慢、企业唯一目标就是最大限度地提高自身财务业绩时，这种简单的战略或许是合理的。但是，随着技术和外部环境变化加速，以及人们对企业承担社会责任的期望越来越高，领导者需要扩大他们考虑的时间跨度和利益相关者范围，而这意味

[①] 利益相关者的定义中一般不包括竞争对手，此处为原著如此表达。——译者注

着他们需要新的方法来管理上述因素之间的平衡。

多角度寻求灵感

如前所述，跨越多时间尺度进行管理是一个普遍的挑战，在许多领域都存在，虽然细节各异，但许多现象都彰显出在不同时间尺度权衡利弊或平衡运作的困境。通过从不同视角看待这一挑战再加以综合，我们可以更清楚地洞察问题的本质，从而找出一些共通的解决方法。

为了探讨这些不同的观点，我们邀请了来自科学和商业领域的十几位专家，就多时间尺度问题进行了广泛讨论。

• 亚利桑那州立大学计算机科学教授兼生物计算、安全与社会生物设计中心主任斯特凡妮·福里斯特，普林斯顿大学詹姆斯·S.麦克唐奈杰出大学教授兼生物复杂性研究中心主任西蒙·莱文，分享了进化和系统科学的观点。

• 维也纳复杂性科学中心、康涅狄格大学的进化人类学家彼得·图尔钦，以及普林斯顿大学能源与环境格哈德·R. 安德林格教授、心理学与公共事务教授、政策行为科学实验室创始人兼主任埃尔克·韦伯，分享了心理学和人类学的观点。

• 波士顿咨询公司首席经济学家、纽约办公室董事总经理兼合伙人菲利普·卡尔森-斯莱扎克；生态学家、进化生物学家兼挪威中央银行投资管理部研究员安妮·玛丽亚·艾克塞特（她专注于研究气候和环境变化及其对投资的影响）；美国国际集团（AIG）前总裁兼首席执行官彼得·汉考克；保德信金融集团（Prudential Financial）首席风险官尼克·西里奇，分享了有关资本市场和经济学的观点。

• 在技术、风险管理和资产管理领域拥有20年投资经验的天使投资人玛丽亚·汉考克，波士顿咨询公司亨德森智库主席、波士顿咨询公司旧金山办公室高级合伙人兼董事总经理马丁·里维斯，分享了关于商业和创新的观点。

• Arabesque公司（一家利用人工智能和大数据评估与可持续发展相关的可持续性业绩，用于投资分析和决策的科技公司）董事会主席、联合国全球契约创始主任乔治·凯尔；波士顿咨询公司波士顿办公室高级合伙人兼董事总经理、波士顿咨询公司亨德森智库研究员戴维·杨（专注于研究企业在社会中的角色和可持续商业模式创新），分享了关于可持续发展的观点。

本章概述了上述特定领域内出现的多时间尺度的主要现象和解决思路，并总结出一些洞见，以期为企业领导者在应对这一挑战时提供战略上的启发。

多时间尺度战略的五个视角

来自进化和系统科学的现象及解决思路

1. **多时间尺度现象。** 癌症治疗中就存在一种多时间尺度问题。积极化疗等杀死肿瘤细胞的治疗方法可能短期内有效，然而从长远来看，此类治疗可能会在肿瘤的不同基因型中施加选择压力，筛选留下对治疗具有抵抗力的基因型，从而缩短药物的有效期。虫害管理也可以发现类似的问题，杀虫剂可以在短期内减少虫害，但随着时间的推移会选择出抗药类型。[2] 使用抗生素治疗人类或动物疾病也与此类似。

网络安全领域也必须在不同时间尺度之间进行权衡取舍。如果对短期威胁过度反应，就有可能加速与网络攻击者的军备竞赛，带来新的威胁。

进化提出了另一种多时间尺度问题：在不急需能力时，如何权衡保持这些能力。有时，遗传谱系会失去一些不再有用的特性，比如许多与世隔绝的岛屿上的昆虫物种就失去了飞行能力。[3] 但是，还有许多特性即使没有短期内的直接用处也会被保留，有时是为了长远利益。例如，黄石国家公园的杨树通常采用无性繁殖，但在森林大火过后、只能通过种子重新造林时，杨树的恢复速度出奇地快，说明它们保留了发芽的能力。

2. 解决方案。现已开发出可同时处理多时间尺度问题的治疗方案。例如，适应性癌症的治疗目标不是消除肿瘤，而仅是防止肿瘤增大和转移，减少耐药细胞产生非必要选择压力的风险。[4] 同样，适应性害虫管理和抗生素治疗的目标是平衡个体的短期利益与抗药性给个人和社会带来的长期风险。

在进化过程中，生物体通常会采用渐进不可逆的策略，一旦环境发生变化，生物会首先采取可逆的行动，比如因寒冷而颤抖，然后逐渐转向更不可逆的行动，比如经过一代代的进化，最终成为天生更适应寒冷气候的物种。[5]此种策略保留了多样性选择，减少了因短期利益而被锁定在次优路径上的可能（见图12-1）。

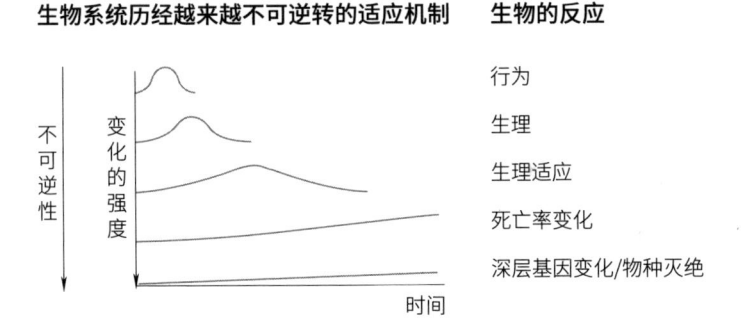

图 12-1　在进化过程中，生物通常会采用渐进不可逆的策略
资料来源：Modified from L.B. Slobodkin and A. Rapoport, "An Optimal Strategy of Evolution", Quart, *Review of Biology*, Vol. 49, No.3 (1974), pp. 181-200

生物学视角的另一个重要洞见是，许多在较长时间尺

第十二章　制定多时间尺度战略

度上存在的现象也在更大的空间尺度上存在，例如，在生态学研究中，一种现象存在的时间尺度长度往往与所涉及的聚集程度相关。[6]

来自心理学和人类学的洞见

1. **多时间尺度问题。** 在决定是否以及如何应对灾难性风险时，个人必须权衡短期内的筹备成本和避免灾难的长期益处（只有在以后才会显现出来）。正如许多机构对新冠疫情带来的危机毫无准备所呈现的那样，长期的威胁往往被忽视，直到它们对当前造成影响。[7]

此外，人类决策的"有限理性"使管理此类问题变得复杂：有限的注意力和处理能力意味着在所有时间尺度上同时进行优化是不现实的。[8]因此，为了简化挑战，个体通常默认一次只处理一个目标，这导致个体可能偏重处理眼前的问题。

在更大范围内，我们必须从多时间尺度来理解社会的行为。例如，社会不稳定受到多时间尺度的反馈循环驱动：宏观尺度的进程，如人口趋势，历时数百年；中观尺度的进程，如国家内部冲突，历时数十年；微观尺度的进程，如个人暴力行为，持续几小时或几天。致力于维护稳定的领导者必须考虑所有时间尺度。然而，这些反馈循环以非直观的方式相互作用，产生的影响有可能非常滞后，从而使人们难以理解这一系统，也无法确定有效的干预措施。

2. **解决方案**。为了克服有限理性带来的挑战，个体可以运用一系列启发式方法，从而更快捷、更简化地做出决策。虽然此类启发式方法偶尔会导致次优结果，但在大多数情况下，它们通常能提供"还不错"的结果，能克服人类信息处理能力和需求的局限性。

另一个解决方法是设计"选择架构"，以平衡对各个时间尺度的关注。实现这一目标的方法之一是自动化，例如，如果投资者倾向于对短期现象反应过度，却忽略长期问题，那么他们可以在投资组合中实施自动再平衡规则，以避免频繁的手动调整。另一种机制是激励机制，即不同的指标或奖励可以鼓励人们关注更长的时间尺度，从而抵消本能的短视倾向。

在组织或社会层面，也可以利用委托和比较优势来确保每个时间尺度上的挑战都能得到足够的关注。例如，政府通常会将监督现行法律合规情况的短期任务委托给一个公共机构，而将制定或更新未来法律的长期任务委托给另一个公共机构。同样，不同的投资者可以通过关注不同的时间尺度来相互补充。

最后，领导者可以通过加深对更大系统结构和动态的理解，确定哪些政策或干预措施能够带来积极成果。通过了解对干预措施或自然试验的反应是如何展开的，领导者可以从时间维度和反馈逻辑上增加理解，从而为制定多时间尺度的战略奠定基础。

来自资本市场和经济学的洞见

1. **多时间尺度问题。**经济政策方面的决策往往涉及在不同时间尺度之间进行权衡，因为短期有益的举措从长远来看并非都可持续。公共债务可用于资助短期有利的项目，但从长期来看，它可能会导致未来的借贷成本更高，甚至引发更广泛的金融体系问题（尽管对于何时会出现这种情况众说纷纭)。福利性支出项目可以在短期内提高生活水平,但从长远来看,有些项目可能难以为继。而放松银行资本要求可能会增加信贷和短期经济活动,尤其是在某些危机期间,但从长期来看也可能会增加系统性风险。

对投资者而言,金融资产的定价往往需要考虑多时间尺度,因为许多资产的估值都是基于对未来的预期。投资者在决定以何种价格购买股票时,不仅要考虑公司的短期盈利潜力,还要考量其长期价值,而这必然会受到缓慢的环境变化和风险因素的影响。反之,如果投资者相信短期内价格仍会上涨,即使最终通货紧缩不可避免,他们也可能选择加入资产泡沫,进行短期投资。

一个更为复杂的情况是,市场参与者可能拥有迥然不同的时间视野。例如,主动型资产管理公司通常必须实现短期超额收益,否则将面临资金撤出的窘境;而养老基金和人寿保险公司则着眼于更长期的时间尺度。即使在同一个机构内部,时间视角也可能有所不同。

最后,金融市场向政策制定者和其他参与者释放的价格信号也必须在不同的时间尺度上加以解读。例如,

20世纪初，英镑曾被视为全球"储备货币"，这使英国拥有更大规模的借贷能力用于短期支出，但不可持续的借贷逐渐侵蚀了储备货币地位，最终英镑被美元取而代之。

2. 解决方案。政策制定中有一句常见的格言是，领导者必须"先胜而后治"，即只有通过许下短期承诺赢得选举，才能追求长期目标，这实际上是将一个时间尺度作为约束条件，在此基础上优化另一个时间尺度。与之相反的理念是投资界的一句口头禅——"永远不要押上全部本钱"，即只有在满足生存的长期目标后，才能将短期收益最大化。

面对时间尺度上的矛盾，投资者可能会通过说服来解决：若一个信誉良好的投资者预计泡沫将破裂，他可能会说服其他市场参与者相信这一论断，从而促成他们有序、及时地退出。

由于金融市场的机制本身创造了有价值的信息，因此可以将其视为量化长期风险问题的一种解决方案。例如，为了预估经济刺激政策的短期效果与加剧通胀长期风险之间的平衡，政策制定者可以从名义债券收益率与通胀保护债券收益率之间的利差推断出总体通胀预期。建立这样的共识透明度不仅可以提高个体行为者在跨时间尺度上权衡的能力，还可以促进集体行动以应对长期的挑战。例如，试验表明，当各方对需要取得的进展达成一致时，合作的可能性就会更大。[9]

来自商业和创新的洞见

1. 多时间尺度问题。一家企业必须管理跨时间尺度运作的许多权衡问题，其中一个显著的挑战就是如何在利用现有业务和探索新的潜在业务之间取得平衡：投入更多资源来营销现有产品通常会使短期回报最大化，但为了长远的生存，企业还需要创造新的产品或商业模式。[10]

另一个挑战是短期财务最大化与系统整体可持续性之间的权衡。追求利润最大化的许多企业行为可能会对其所处的环境和社会系统产生长期的负面影响，如果这些系统崩溃，企业也将无法长期生存。

虽然企业和经济的总体增长由持续的技术进步所推动，但创造和利用新的创新则需要在多时间尺度上做出努力。其中包括长期时间尺度的基础研究，以识别新技术；

具有中等时间尺度的创业活动，将新技术转化为产品；以及在短期时间尺度的大型组织中扩张规模，使其得到更广泛的应用。所有这些跨时间尺度的进展都必须加以控制和平衡，以共同创建一个欣欣向荣的创新生态系统。

为了在不同时间尺度中做出权衡，传统上商业领袖都接受过跨时间尺度模拟不同潜在结果的训练，用贴现率对其加权，然后选择预期价值最高的方法。然而面对许多新兴的挑战，上述方法存在不足。

一方面，许多长期现象往往无法被精准量化。例如，在权衡是否要降低短期效率以换取建立复原力的长期利益时，计算短期成本通常是微不足道的，但计算长期效益则需要预测未来冲击的可能性和预期影响，这些并非完全可知，因为可能出现的情境有很多，概率分布也可能发生改变，并且发展还可能有路径依赖。[11]

另一方面，组织和个体往往容易受到双曲线贴现的影响，即贴现率随时间而变化（短期较高，长期较低），从而导致做出与现实情况不一致的权衡结果。当不同的指数贴现曲线被合并和平均时，就会自然产生双曲线贴现，这成为由具有不同贴现率的个体组成的组织或社会的自然结果。

最后,仅仅优化预期效用往往是不够的,严格的效用最大化可能导向选择那些期望值呈指数增长的策略,但从长远来看,这一定会带来灾难性失败(如赌徒破产理论①)。[12]这样的结果对企业是不利的,因为企业既需要预期价值,又要长久生存。

2. 解决方案。 为了应对对跨时间尺度进行权衡的挑战,企业领导者已经发展出一些简单的启发式方法去调整平衡。其中一个方法就是"平衡计分卡",它规定所有相关的时间尺度上的问题必须至少在一定程度上得到处理。

一些企业采用新的前瞻性指标,提高了跨时间尺度的校准平衡能力。[13]例如,衡量公司的"活力"(即未来可持续增长的能力)能够揭示企业在更长时间尺度上取得成功的能力,能够提供是否或如何调整平衡的一些信号。

---

① 赌徒破产理论:任何一个拥有有限赌本的赌徒,只要长期赌下去,必然有一天会输个精光。——编者注

第十二章 制定多时间尺度战略

企业的组织设计还可以降低短期失败的灾难性，增强更长时间尺度的复原力。例如，模块化（当前许多数字平台都采用此方法）实现了便捷的替换功能：如果某个供应商破产或因过时而被淘汰，新的供应商可以轻松地取而代之。采用模块化设计的企业能够减少短期致命冲击的可能性，也能更好地适应长期变化。[14]

综上，许多领导者都在阐明企业的新角色，即不再以最大化短期财务回报作为单一目标，而是以服务多方利益相关者、在多时间尺度上蓬勃发展为平衡目标。

来自可持续发展的洞见

1. 多时间尺度问题。可持续发展领域中最紧迫的挑战从根本上说主要涉及在多时间尺度上的权衡：减缓措施的益处在较长时间尺度上才能得以显现，而行动的成本却由今天承担。这适用于各种可持续性问题，如气候变化、物种枯竭、化学污染和防灾备灾等。

对政府、非政府组织和公共机构来说，挑战在于在时间上取得平衡，即衡量短期成本和长期效益并统一对它们的认识，以促进有效的行动。对企业和投资者等其他行为者来说，挑战并非显而易见但仍然存在，可持续的自然和社会系统对于长期维护商业和金融体系是必不可少的。

然而，不同的参与者面临着不同的动机：政治家最关心的可能是下一次选举之前会发生什么，而普罗大众则可能有着更加长远的展望。潜在成本往往由不同的利益相关者承担，后者与潜在受益者不同，这进一步增加了挑战的复杂性。社会在不同的时间尺度上做出的权衡意愿可能也大不相同。例如，当金融危机在2008—2009年使短期风险更加迫在眉睫时，整个社会对气候变化等长期问题采取行动的意愿则随之下降。

更为棘手的是，目前尚无有效机制来管理应对可持续性威胁所需的较大规模的集体行动，尤其是，此类问题具有全球性，但治理却常常止步于国界。

2. 解决方案。当共同目标被明确提出并集体达成一致时，它们可以作为一个集中机制来指导集体行动，正如约翰·F.肯尼迪是如何在10年内将人类送上月球的目标变为现实的。最近的一个例子是，联合国制定的"可持续发展目标"中确定了17个可持续发展目标，并为每个目标设定了具体的指标，这有助于集中全球力量解决这些问题。

新的数据和分析工具可以帮助那些长期目标取得更加明显的进展，提高了量化权衡短期事项的能力。在商业领域，ESG（环境、社会和公司治理）数据的快速增长就是这一现象的例证，而大数据和分析技术的最新进展有望进一步提高可持续风险和潜在干预措施的透明度。[15]

最后，国际治理的挑战阻碍着自上而下的努力，对此可以利用自下而上的解决方案去克服挑战、推动进展。在某些情况下，与自上而下的方式相比，由多个重叠的行为者联盟组成的多中心方法能更有效地应对全球挑战。[16] 例如，小规模的合作组织可以通过奖励合作者或惩罚非合作者来改变参与者的积极性，从而将"囚徒困境"（唯一稳定的平衡是缺乏合作）转变为"协调博弈"（可以实现一定程度的合作）。[17]

关于多时间尺度战略的共识

综上所述个人观点,关于跨越多时间尺度进行管理的挑战和战略,我们可以得出一些见解。虽然落实这些解决方案还需要更进一步的工作,且具体策略也需因环境而定,但我们仍然可以确定一些初步原则,让企业领导者在此基础上制定有效的多时间尺度战略。

欣然接受矛盾

企业领导者往往会寻求一个可以始终如一去追求的唯一正确答案,然而,多时间尺度挑战的本质是,答案常常相互矛盾。换言之,短期内最好的方案可能并非长远来看的最佳选择。因此,领导者需要更复杂的战略来接受矛盾。这可能涉及在不同时间点或业务不同部分之间切换解决方案的战略,也可能涉及在一个时间尺度的约束下优化另一个时间尺度,比如,以保证长期生存为前提去实现短期效益最大化。

利用简单规则获得"还不错"的结果

处理高度复杂的问题时，比如在相互交织的时间尺度上进行权衡，人们试图尽可能详细地分析问题并提出最佳解决方案，然而，简单的启发式方法通常可以在各种情境中取得令人满意的结果。与精确的优化相比，即使在可行的情况下，启发式方法也能更稳健地应对不确定和变幻莫测的条件。[18]企业领导者可以确定并采用启发式方法，从而使"令人满意"的战略成为可能。在商业领域中，应用启发式方法的一个例子可能是在任何时间尺度上避免存在的风险，这不一定能在多时间尺度之间做出最理想的权衡，但至少可以避免做出导致最坏结果的权衡。

设计决策架构，促进对不同时间尺度的平衡性关注

关注最紧迫议题是个人和组织根深蒂固的本能。然而，企业领导者可以通过设计决策架构来平衡这一倾向，促进在跨时间尺度内更加均衡地关注问题。这样做的机制包括默认设置（制定自动决策规则，将长期需求作为默认设置）、责任分工（确保一些决策制定者专注于更长的时间尺度）和项目激励（鼓励关注更长时间尺度的指标或奖励）。

描绘并了解你所处的更大系统的动态

企业在更大的经济、社会和环境系统中运转，这些系统具有双向反馈回路：企业的行为会影响更大的系统，反之亦然。虽然很难准确预测这些系统的行为，但领导者可以通过明确列出最有影响力的力量（系统运行的加速器或抑制剂）、了解反馈回路和时间常数来提高他们对系统的理解，从而确定更有效的干预措施。由于复杂的系统往往是不直观的，因此在系统的各个层面进行试验会有所助益。

采用适应性战略

时间尺度之间的权衡不应被视为一锤定音的决定：现象会随着时间演变，企业领导者对最初权衡的可行性将会有更多了解，潜在的情况可能会发生变化。因此，领导者应该利用结构或机制，允许最初的决定可随时间调节，从而组织就可以随着时间的推移而调整平衡，避免在任何一个时间尺度上出现灾难性后果。

以渐进式承诺做出决策

为了避免陷入过早"锁定"的陷阱（短期决策限制了在更长时间尺度可以做的事情，从长远来看可能会丧失生存能力），企业领导者应尽可能保持决策的可逆性。一种策略是采用渐进式承诺，即一开始使用可以逆转的变革机制（即使要付出一些成本），而后从长远来看确定需要它们的时候，再逐渐过渡为更加不可逆转的机制。

我们在讨论中得出的一个重要共识是，长期问题通常是集体问题。企业面临的许多长期挑战是无法单靠一个组织来充分解决的，比如保持自然环境或经济环境的可持续性，而往往需要合作与协作（见图 12-2）。这与涉及集体行动的第二套解决方案原则有关。

"囚徒困境"并非不可避免

集体行动问题可以采取"囚徒困境"博弈的挑战形式。

长期问题往往是集体问题

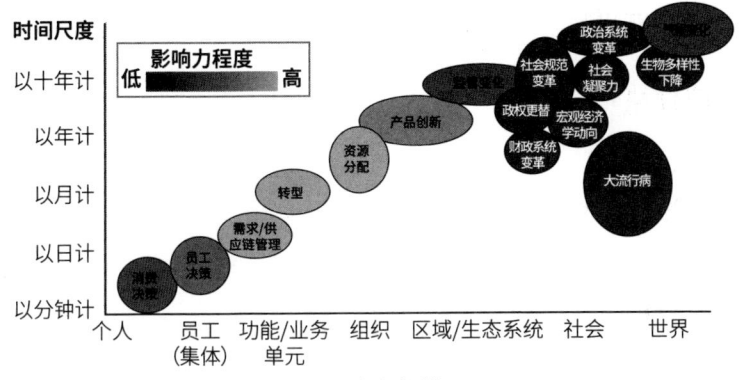

图12-2 企业面临着许多时间尺度较长的挑战，仅在单个组织层面是无法得到充分解决的
资料来源：波士顿咨询公司亨德森智库，同时受以下资料启发：Kavanaugh et al (2016), https://www.researchgate.net/figure/Stommel-diagram-showing-time-and-space-scales-for-typical-biophysical-phenomenon_fig3_ 305418677

在这种情况下，唯一稳定的均衡状态是没有任何参与者进行合作，因为合作总是会损害他们的个体利益，尽管全面合作对每个人来说都是更好的结果。然而，这种局面并非不可避免，在许多情况下，可以通过附加支付或其他机制改变收益回报，将"囚徒困境"博弈转变为协调博弈，后者具有多个稳定均衡，其中至少有一些涉及合作。实现这

一点不一定要诉诸外部权威，分散行动也可以改变激励机制，比如通过联盟的形式促进和奖励那些为共同利益而采取的行动。

为实现长期目标创建更好的进度指标

减少对所需行动的不确定性可以将激励转向集体行为。企业已经开发了一套复杂的指标体系用于量化过去的业绩，这可能是预判短期业绩的一个有效指标，但在有效量化长期社会挑战的指标方面取得的进展较小。ESG分析和测量已取得一些最新进展，企业领导者可以借鉴这些经验，采用新的指标来提高此类问题的透明度。

利用金融市场阐明和强化现有的信念

金融市场为广大参与者提供了一个对未来结果进行评估的平台，它在揭示有关长期问题的共同信念方面发挥了强大作用。金融市场的价格信号可以引导集体资源配置以解决集体面临的挑战。虽然潜力巨大，但如今市场仅存在于少数主要的金融风险中，忽略了同类机制也可以应用于包括气候变化在内的更广泛现象。

清晰描绘引人入胜的目标和叙事

描绘未来愿景有助于将其变为现实。引人入胜的目标或叙事可以作为一个聚焦机制，通过协调信念，让其他参与者努力实现它们，并更加凸显出长期问题。企业领导者可以利用这种力量，比如阐明业务服务的积极目标，从而在组织内部建立有效的长期行动态势。领导者还可以鼓励更宏大的目标和叙事，将集体行动聚焦于更广泛的社会问题上。

采用自下而上的方法

自上而下的权威并非唯一能够解决大规模问题的有效方式，自下而上的协作也能取得足够的进展，并在创新和稳定性方面具有优势（尤其是在多中心框架内）。企业领导者在鼓励和促进有效监管的同时，也可以推动自下而上的行动，如行业内部或跨行业合作，为应对共同挑战创造动力。

随着经济增长与地球、社会可持续性之间的矛盾日益尖锐，在多时间尺度上进行管理的挑战将变得更加重要。为了应对这一挑战，商界和社会领导者必须构建和采用新的工具包。虽然在定义其具体意义方面还有更多工作有待完成，但我们希望本章提出的见解能够成为一个起点。

马丁·里维斯 凯文·惠特克 索米特·南达
Martin Reeves Kevin Whitaker Saumeet Nanda

[第十三章]

分形战略：
在多时间尺度上有效应对新冠疫情

新冠疫情在全球蔓延之初，全球各组织都将目光聚焦到应对疫情带来的紧迫问题上。然而，随着危机一步步深化，其他的挑战也逐步彰显，比如，为短期内潜在的经济衰退做好准备，预期需求最终会出现反弹（在隔离的限制放宽后，以及在消费者和企业恢复信心后），最终重新构想后危机时代的运营、产品和商业模式。

在疫情暴发的早期，即使企业领导者尚能暂缓行动，他们也必须去思考危机带来的长期影响并采取行动，因为事件发生的速度和不可预测性需要他们有所准备。在历史的转折点上，决定性的变化往往在短时间内会集中涌现，"新稳态"随时可能到来。只要我们能够先发制人，就有机会塑造历史。在新冠疫情流行之际，消费者逐渐适应了限制社交距离的生活方式，他们形成了新的消费习惯，这些习惯由企业在危机期间的行动塑造而成，可能会在疫情之后很长时间内持续存在。

换言之，企业领导者和组织需要同时考虑战略响应的各个层面——公司响应、经济衰退、消费反弹和重新构想。然而，我们的基准分析表明，许多公司并不急于应对长期挑战，而是首先关注更紧迫的问题。

企业领导者面临的一个越来越重要且普遍的挑战是，他们需要在多个时间尺度上同步思考和行动。企业需要管理更长的时间尺度，以避免社会、技术或经济变化带来的潜在干扰（见第11章"来自渐变的挑战"）。同时，企业也需要管理更短的时间尺度，由此才能在当前业务中表现出色，保持生存能力，并为长期的发展机遇提供资金支持，尤其是在竞争优势稍纵即逝的情况下。[1]

上述挑战在当今世界变得更加严峻，是由于与商业相关的时间尺度同时向两个方向延伸，即从算法的速度（以毫秒为单位运行）到日益重要的地球和社会时间尺度（以几十年为单位运行）。关键性的时间尺度正在交会：以前被认为是遥远的未来问题，比如气候变化，如今已经发展到了直接产生影响并亟须企业采取行动的地步。正如对新冠疫情的响应所显示的那样，企业管理多时间尺度的传统方法往往无力应对这一挑战。

第十三章　分形战略：在多时间尺度上有效应对新冠疫情　　199

企业主要关注近期问题

为了更好地理解企业如何应对新冠疫情危机，我们在 2020 年 3 月和 4 月对 55 个国家、24 个行业、300 多家公司进行了调查。不出所料，我们发现几乎所有公司都对迫在眉睫的威胁做出了响应：约 85% 的公司采取多种措施保护员工的健康和安全，并确保业务持续运行。

约有 60% 的公司采取措施应对可能出现的经济衰退，如控制成本、调整投资计划。相比之下，只有约 40% 的公司为潜在的需求反弹做好了准备，而很少有公司开始重新构想"后疫情时代"的业务。

虽然公司响应、经济衰退、消费反弹和重新构想的不同挑战可能会影响所有企业，但在我们的调查对象中，只有约 10% 的企业同时开始规划这四大支柱（见图 13-1）。

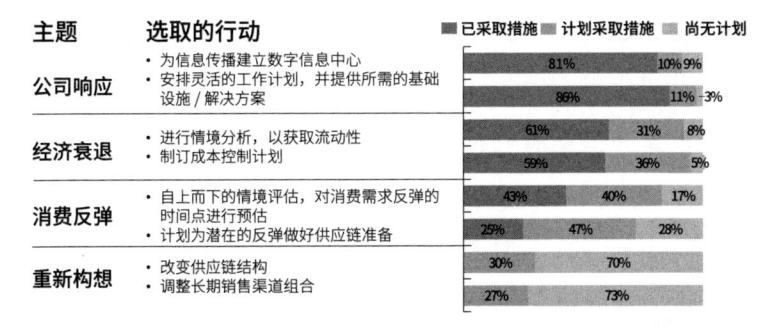

主题	选取的行动	已采取措施	计划采取措施	尚无计划
公司响应	• 为信息传播建立数字信息中心	81%	10%	9%
	• 安排灵活的工作计划,并提供所需的基础设施/解决方案	86%	11%	-3%
经济衰退	• 进行情境分析,以获取流动性	61%	31%	8%
	• 制订成本控制计划	59%	36%	5%
消费反弹	• 自上而下的情境评估,对消费需求反弹的时间点进行预估	43%	40%	17%
	• 计划为潜在的反弹做好供应链准备	25%	47%	28%
重新构想	• 改变供应链结构	30%	70%	
	• 调整长期销售渠道组合	27%	73%	

图 13-1　企业如何应对新冠疫情危机

资料来源：波士顿咨询公司截至 2020 年 4 月 15 日针对新冠疫情对一些公司的调查；波士顿咨询公司亨德森智库分析

传统多时间尺度的管理机制存在不足

企业确实有一些传统方法来平衡多时间尺度，然而，新冠疫情带来的极端挑战暴露了它们的局限性。

一种方法是对预期现金流应用贴现率，计算各种期权的净现值，以便在不同的时间尺度上做出选择。然而，许多机会无法以这种方式轻易量化。例如，新冠疫情导致的客户行为的潜在长期变化可能很难被精确测量，且存在多重看似合理的情境。人类决策者也经常使用双曲线贴现（在不同时间应用不同的贴现率），但这可能会扭曲时间权衡。当焦点转向短期时，在危机的最严重阶段，这一情形可能会变得更加突出。最终，贴现因路径依赖而变得更加复杂，在路径依赖中，今天采取的行动将决定明天可用的机会。

组织的科层制是管理多时间尺度的另一种隐性机制：运营层员工更关注日常问题，而高层领导则专注于长期战略决策。然而，如果出现需要立即采取结构性行动的短期问题，科层制组织可能缺乏可靠的覆盖机制，无法在各个层级之间重新分配问题。并且，当高层领导被迫应对临时威胁时，可能难以顾及对长远机会的平衡，这正如许多组织在应对新冠疫情时所做出的反应。此外，层级之间传递和翻译信息也存在时间滞后问题。

一些组织在不同的固定时间尺度上采用混合规划周期，例如详细的年度经营计划和 3~5 年的战略计划。然而，预先确定的时间表可能并不适用于每种具体情况。例如，建筑项目通常采用较长的规划周期，但中国建筑公司中国建筑集团却以 24 小时的节奏工作，在短短 10 天内就为新冠感染患者建造了两座医院。战略流程需要因地制宜，而非僵化地参照内部先例。

最后，企业通常设立专门的部门来关注不同的时间尺度，比如，销售、开发和研究往往具有截然不同的时间跨度。然而，业务的时间尺度正变得越来越连续、扩展和交杂，在固定数量的预定时间框架内可能无法反映重要的变化，比如新的算法时间尺度的出现。此外，"长期"和"短期"可能随着现象加速变化而趋于一致。例如，新的医疗产品通常以多年为周期来开发，但新冠疫情危机却要求大大加快开发速度。而且相关时间框架可能难以预测（就像潜在的新一波感染一样），因此无法将其纳入任何固定的时间尺度。

多时间尺度战略

实现多时间尺度战略的根本挑战在于，不同的时间尺度需要不同的战略方法。我们此前已经界定了五种不同的战略方法和视角以及执行流程，这些方法反映了它们所适用的商业环境的可预测性、可塑性和严酷性（详见第 8 章"你的战略流程需要一个战略"）。

1. 经典型战略：对于可预测的市场，分析驱动因素，制订行动计划，并根据稳定的计划来执行。

2. 适应型战略：对于难以预测的市场，让你的投注更加多样化，选择最有前景的项目并迅速扩大规模，以利用转变中的机遇。

3. 愿景型战略：对于可以预测和塑造的市场，展望未来，创建一个追求明确愿景的业务，且坚持不懈地追求这一目标。

4. 塑造型战略：对于难以预测但可以塑造的市场，要建立一个广泛的合作伙伴生态系统，协调其行动，并共同演进。

5. 重建型战略：对于严酷的市场和情境（如危机或衰退），迅速做出务实的反应，以避免危险，节约资源，随后转向增长。

新冠疫情危机说明，不同时间尺度的问题往往需要采用不同的战略方法。对许多大型企业来说，日常运营和需求往往具有高度可预测性，因此基于规划和严格执行的经典型战略往往占据主导地位。然而，在新冠疫情期间，即使在短时间尺度上，市场也变得难以预测，这就需要采用适应型方法，专注于快速学习和实时调整。例如，当疫情在意大利开始暴发时，能源基础设施运营商意大利天然气网络公司 SNAM 意识到其管理天然气分配的调度中心存在风险，[2] 公司于是迅速做出调整，购买住宅设施，对调度中心所有员工进行检测，并决定留下一组健康员工继续在经营场所工作和生活。这一应对措施确保了调度中心员工免受疫情影响，即使周边地区疫情加剧，也能保持调度中心的运营活力。

在短短几个月的时间尺度上，政府实施的封锁措施和经济衰退威胁到许多企业的生存，迫使它们采取重建型战略。虽然新冠疫情危机后的未来仍存在高度不确定性，但消费者偏好可能会因他们被迫改变生活方式而变得更加可塑，这就需要企业采用愿景型或塑造型战略。

新冠疫情危机还说明了与商业相关的时间尺度是如何快速变化或趋同的。例如，基于神经科学和人工智能招聘与人才部署领域的初创公司 Pymetrics，最初制定的年度产品路线图优先考虑了其招聘支持服务，然而，许多公司在疫情暴发时减少了招聘计划，转而专注于重新部署现有劳动力。因此，Pymetrics 转而将重点放在重新部署产品上，而这之前一直被视为一个长期的重点事项。[3] 该公司与合作伙伴共同创建和开发了一个专为停工者匹配工作的平台。

随着新的时间尺度的出现和现有时间尺度的融合，企业需要培养时间的双元性，即在不同的时间尺度上对不同的问题应用不同的战略方法，并根据不断变化的环境去调整方法。

实现分形战略

了解每项业务的时间节奏和战略方法

在任何企业内部，每条业务线或每个地域单位都可能面临不同的时间尺度,并需要适配不同的战略方法。因此,领导者需要在正确的时间、正确的地点识别并采用正确的战略方法。例如,消费品包装公司通常习惯于在需求可预测的经典环境中运营。但是,如健康和安全产品等业务线,如果在短期内面临暂时的需求激增,则需要采用适应型方法。其他业务部门可能在短期内比较稳定,但随着消费者活动向线上转移,分销模式也面临长期变化,这或许需要采用塑造型战略,在新渠道和合作伙伴关系方面开展合作。

掌握支持不同战略方法的能力

成熟企业的领导者往往习惯于在经典(稳定、可预测)的环境中工作,但经典型方法并非总是最佳选择。为了应对各种时间尺度上的挑战,企业必须能够运用各种战略方法。传统的自上而下战略在算法时间尺度上并不可行,相反,企业必须采取适应型方法,将人工智能、数据平台和决策系统整合到自主学习循环中。例如,全球食品巨头达能公司通过向人工智能工具提供有关新冠病毒传播模式的最新数据,来应对供应链的不确定性,从而帮助分配材料并保持工厂运转。对于缓慢变化的问题，经典型战略会错失想象和塑造市场优势的机会，比如利用组织想象力的力量。

掌握在多时间尺度上同时行动的能力

平衡短期开发和长期探索是一个长期存在的商业挑战，新的时间尺度的出现和融合使这一挑战变得更加严峻。企业面临许多短期挑战，自然需要领导者的关注。然而，我们的研究表明，在混乱面前先发制人的公司表现优于那些迟疑不决的公司，这强调了尽早解决长期问题的必要性。[4]例如，在应对新冠疫情危机时，乐高集团在大多数管理层专注于应对眼前危机的同时，成立了一个小团队去思考危机后的未来。[5]

随着商业环境变得越来越复杂和多样化，经典的战略方法将日益受到限制。企业可以利用新冠疫情危机作为契机，重新审视和加强它们的战略方法。通过调整企业各个业务的时间节奏，在多时间尺度上同步思考，企业领导者就可以提高他们在这次危机以及下一次危机中成功的概率。

尾声：来自生物学的灵感

企业需要在多时间尺度上运转，以应对新冠病毒带来的生物威胁，但它们也可以从生物学中寻求灵感。生物系统已经演化出应对短期和长期挑战的生存机制，它们的行为阐明了多时间尺度战略的一些关键原则（见图13-2）。

觅食动物针对多时间尺度进行优化

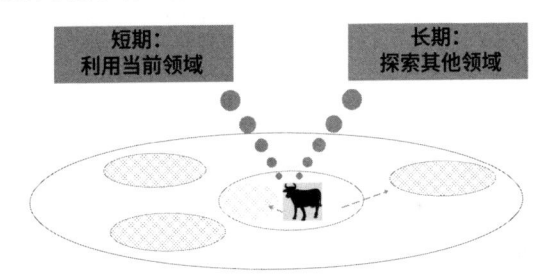

短期：利用当前领域

长期：探索其他领域

图13-2　生物系统阐明了多时间尺度战略的关键原则
资料来源："Preemptive Innovation: Leaping Before the Platform Burns" https://www.bcg.com/publications /2018/leaping-before-platform-burns-increasing-necessity-preemptive-innovation

对多时间尺度进行优化

在零散环境中觅食的动物会面临一种抉择：是在当前

领域觅食（带来短期利益，但最终会耗尽该区域资源），还是寻找新领域（这会产生直接成本，但能提供更多长期安全保障）。因此，许多动物在平衡短期和长期利益的最佳时机开始寻找新领域，这就是著名的边际价值定理的例证。[6] 你的企业开始寻找新领域的最佳时间是什么时候呢？

匹配响应机制与时间尺度

生物体利用不同的机制，通过从短期到长期的一连串调整来应对环境的变化，可逆性递减（见图13-3）[7]。例如，如果环境变冷，动物可能会立即发抖，这种反应快速且容易逆转。但如果环境持续变冷，它们就会做出更大幅度的调整，比如寻找庇护所、迁移到更温暖的地方或增加脂肪储存，这些调整具有适度可逆性。如果变化继续持续，它们最终可能会通过基因进化来更好地适应寒冷的环境。对你的企业来说，逐层递进的适应机制是什么？

生物匹配适应性与合适的时间尺度
对变冷的环境的逐级适应

时间尺度

秒	分钟	年	千年
发抖	迁移	生理变化	进化

适应的可逆性

图 13-3　生物体利用不同的机制，通过从短期到长期的一连串调整来应对环境的变化，可逆性递减
资料来源：https://www.journals.uchicago.edu/doi/abs/10.1086/408082；波士顿咨询公司亨德森智库

应用不同类型的策略适应不同环境

繁殖策略可分为两类：r 选择，指在选择压力和亲本投资较低的情况下产生许多高度多样化的后代；K 选择，指在亲本投资较高的情况下产生较少的后代。[8] 细菌和啮齿动物等在受干扰或不确定环境中生活的物种倾向于采用 r 选择策略，以确保有更多的后代存活机会，而大象或人类等在较稳定环境中生活的物种往往倾向于采用 K 选择策略（见图 13-4）。在当前环境下，你的企业应该采用哪种

创新或新业务构建策略呢？

物种根据不同环境调整选择策略

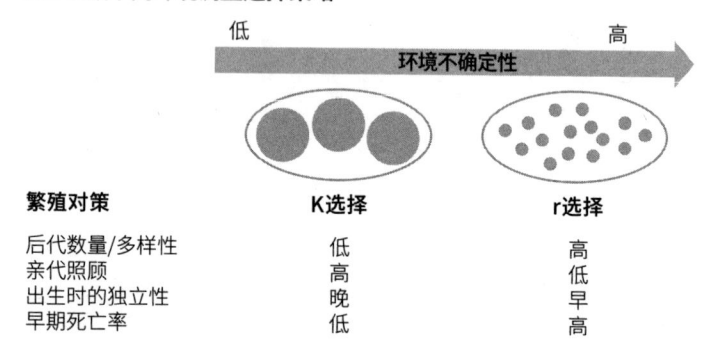

低 　　　　　　　　　　　　　　　高
　　　　　环境不确定性 →

繁殖对策	K选择	r选择
后代数量/多样性	低	高
亲代照顾	高	低
出生时的独立性	晚	早
早期死亡率	低	高

图 13-4　繁殖策略可分为两类：r 选择和 K 选择
资料来源：北亚利桑那大学；波士顿咨询公司亨德森智库

致谢 ACKNOWLEDGMENTS

我们谨向所有参与本书出版的作者表示感谢！他们是刘易斯·贝克、迈克尔·戴姆勒、杰克·富勒、特帕万·甘德霍克、凯林·古莱、詹姆斯·裕治·格罗夫纳、彼得·汉密尔顿、木村良治、朱利安·勒格朗、里奇·莱塞、昂·洛唐、克莱尔·洛夫、桑迪·穆斯、伊夫·莫里厄、索米特·南达、罗恩·尼科尔、弗里达·波利、马丁·里维斯、菲利波·斯科尼亚米利奥、乔治·斯托克、杉田弘明、特伊斯·维尼马和凯文·惠特克。

我们还要感谢波士顿咨询公司亨德森智库的诸位同人，包括多年来为我们的研究做出过宝贵贡献的研究人员、专家和运营团队；感谢帮助我们拓展新思路、新视野的学术合作者；感谢与我们合作撰写了多篇文章的波士顿咨询公司业务领域的合作伙伴。

注释

序言

1. See, for instance, Rita G. McGrath, *The End of Competitive Advantage*, Harvard Business Re-view Press, 2013.

第一章

1. "Your Strategy Needs a Strategy," *Harvard Business Review*, September 2012.
2. "Adaptability: The New Competitive Advantage," *Harvard*

Business Review, July 2011.

第二章

1. "The Experience Curve," BCG Perspectives, 1968; and "The Experience Curve-Reviewed (Part I) ," *BCG Perspectives*, 1974.
2. "Ambidexterity: The Art of Thriving in Complex Environments," *BCG Perspectives*, February 2013.
3. "Investigating the Impact of Experience Curves on the Development of Brazil's Presalt Cluster: Applying Experience Curves to Oil-Field Development," BCG article, September 2011.

第四章

1. Philippe C. Haspeslagh, "Portfolio Planning: Uses and Limits," *Harvard Business Review*, January 1982. https://hbr.org/1982/01/uses-and-limits.
2. https://www.bcg.com/publications/1968/business-unit-strategy-growth-experience-curve.

第六章

1. https://sloanreview.mit.edu/article/fighting-the-gravity-of-average-performance/.

第七章

1. "Interview with Lars Rebien Sørensen, CEO, Novo

Nordisk," *Pharma Boardroom*, April 30, 2013, https://pharmaboardroom.com/interviews/interview-with-lars-rebien-s-rensen-president-ceo-novo-nordisk/.

2. For a full discussion of these styles, see "Your Strategy Needs a Strategy," BCG article, Octo-ber 2012, https://www.bcg.com/publications/2012/your-strategy-needs-a-strategy.

第八章

1. https://www.blueoceanstrategy.com/what-is-blue-ocean-strategy/.

2. 有关各种战略方法和视角的更多信息，以及书中提到的许多引文的背景知识请参见：Martin Reeves, Knut Haanaes, and Janmejaya Sinha, Your Strategy Needs a Strategy: How to Choose and Execute the Right Approach, Harvard Business Review Press, 2015,

https://store.hbr.org/product/your-strategy-needs-a-strategy-how-to-choose-and-execute-the-right-approach/14054?sku=14054-HBK-ENG.

3. https://www.nytimes.com/2018/04/19/business/ge-digital-ambitions.html.

4. https://hbr.org/2018/09/alibaba-and-the-future-of-business.

5. https://hbr.org/2015/06/the-self-tuning-enterprise.

6. https://www.bcg.com/publications/2013/strategy-growth-ambidexterity-art-thriving-complex-environments.

7. Ming Zeng, *Smart Business: What Alibaba's Success Reveals About the Future of Strategy*, Harvard Business Review Press, 2018.

第九章

1. https://www.bcg.com/publications/2018/strategy-games-mind.
2. https://www.bcg.com/industries/public-sector/future-skills-architect-tool.
3. https://www.pymetrics.ai/science.
4. https://hbr.org/2015/09/games-can-make-you-a-better-strategist.
5. https://www.bcg.com/publications/2018/2-percent-company.
6. Satya Nadella, Greg Shaw, and Jill Tracie Nichols, *Hit Refresh: The Quest to Rediscover Microsoft's Soul and Imagine a Better Future for Everyone*, HarperBusiness, 2017. 本书中文版《刷新》已于2018年在中信出版集团出版发行。
7. https://hbr.org/2016/07/beyond-the-holacracy-hype.
8. https://www.fastcompany.com/3062596/eddie-cue-and-

craig-federighi-open-up-about-learning-from-apples-failures.
9. Ming Zeng, *Smart Business: What Alibaba's Success Reveals About the Future of Strategy*, Harvard Business Review Press, 2018.

第十章

1. https://www.bcg.com/publications/1968/business-unit-strategy-growth-experience-curve.
2. https://www.bcg.com/publications/2018/competing-rate-learning.
3. Ronald Coase, "The Nature of the Firm," 1937.
4. https://www.bcg.com/publications/2019/new-freelancers-tapping-talent-gig-economy.
5. https://www.bcg.com/publications/2019/emerging-art-ecosystem-management.

6. https://www.bcg.com/publications/2017/business-model-innovation-technology-digital-getting-physical-rise-hybrid-ecosystems.
7. Scott Ferguson, "John Deere Bets the Farm on AI, IoT," *Light Reading*, March 2018.
8. https://www.bcg.com/publications/2017/value-creation-strategy-transformation-creating- value-disruption-others-disappear.
9. https://www.bcg.com/publications/2018/leaping-before-platform-burns-increasing-necessity-preemptive-innovation.
10. https://www.bcg.com/publications/2018/global-landscape-of-corporate-vitality.
11. https://www.bcg.com/publications/2019/diagnosis-to-action-reflections-from-davos.
12. https://www.bcg.com/publications/2015/strategy-die-another-day-what-leaders-can-do-about-the-shrinking-life-expectancy-of-corporations.

第十一章

1. https://sloanreview.mit.edu/article/fighting-the-gravity-of-average-performance/.
2. https://www.bcg.com/publications/2020/8-ways-companies-can-shape-reality-post-covid-19.
3. https://bcghendersoninstitute.com/fractal-strategy-2ce6898e9f13.
4. Eran Magen, Carol S. Dweck, and James J. Gross, "The Hidden Zero Effect: Representing a Single Choice as an Extended Sequence Reduces Impulsive choice," *Psychological Science*, 2008 Jul; 19(7): 648–649.
5. https://bcghendersoninstitute.com/free-up-your-mind-to-free-up-your-strategy-4bec09783291.
6. https://bcghendersoninstitute.com/in-search-of-vital-companies-560b7450ba98.

第十二章

1. "Waterfront designers rise to the challenge of flood risk," *Financial Times*, 2021.
2. https://link.springer.com/article/10.1007/s13593-015-0327-9.
3. Harrison, R. G., "Dispersal polymorphism in insects," *Annual Review of Ecological Systematics*, 11, pp. 95-118, 1980.
4. https://www.nature.com/articles/s41467-017-01968-5.
5. Slobodkin, L. B. and Rapoport, A., "An optimal strategy of evolution," *Quarterly Review of Biology*, 49, pp. 181-200, 1974.
6. https://www.researchgate.net/figure/Stommel-diagram-showing-time-and-space-scales-for- typical-biophysical-phenomenon_fig3_305418677.
7. https://www.foreignaffairs.com/articles/2020-10-13/heads-sand.

8. Simon, H. A., *Models of man; social and rational*. Wiley, 1957.
9. Barrett and Dannenberg, "Climate negotiations under scientific uncertainty," *Proceedings of the National Academy of Sciences*, 2012.
10. Haanaes, K., Reeves, M., and Wurlod, J., "The Two Percent Company," BCG.com, 2018.
11. Reeves, M., Levin, S., et al., "Resilience vs. Efficiency: Calibrating the Tradeoff," BCG Henderson Institute, 2020.
12. Lewontin, R. and Cohen, D., "On population growth in a randomly varying environment," *Proceedings of the National Academy of Sciences*, 62, pp. 1056–1060, 1969.
13. https://www.thorntontomasetti.com/resource/2019-annual-report-vitality.
14. Reeves, M., Levin, S.., and Fink, T., "Taming Complexity," *Harvard Business Review*, 2020.

15. Bril, Kell, and Rasche, *Sustainable Investing: A Path to a New Horizon*, Routledge, 2020.
16. Ostrom, E., Dietz, T., Dolsak, N., Stern P. C., Stonich, S., and Weber, E. U. (Eds.), *The Drama of the Commons*. Washington, D. C.: National Academies Press, 2002.
17. Chapin et al., "Earth Stewardship: Shaping a sustainable future through interacting policy and norm shifts," (forthcoming).
18. Simon, H., "Rational Choice and the Structure of the Environment," *Psychological Review*, 63 (2): 129–138, 1956.

第十三章

1. https://sloanreview.mit.edu/article/fighting-the-gravity-of-average-performance/.

2. https://bcghendersoninstitute.com/lessons-from-the-covid-crisis-marco-alver%C3%A0-ceo-of-snam-3a5287063353.
3. https://bcghendersoninstitute.com/leading-through-the-covid-crisis-frida-polli-ceo-of-pymetrics-5c361a742550.
4. https://www.bcg.com/publications/2018/preemptive-transformation-fix-it-before-it-breaks.
5. https://bcghendersoninstitute.com/lessons-from-the-covid-crisis-j%C3%B8rgen-vig-knudstorp-chairman-of-lego-brand-group-ab10ea135c60.
6. https://www.sciencedaily.com/releases/2011/06/110606152210.htm.
7. https://pubmed.ncbi.nlm.nih.gov/4411986/.
8. https://www.jstor.org/stable/2459020?seq=1#metadata_info_tab_contents.